Heinrich Hoppe

Schnitzen in Holz

Stabschnitzen Kerbschnitzen
Furnierschnitzen
Ornamentschnitzen
Reliefschnitzen
Tierplastik Figur und Porträt

TOPP

Verlag Frech Stuttgart-Botnang

Einleitung

Der Mensch schnitzt, seit er Schnitzwerkzeuge herstellen kann. Die Gestaltung in Holz, die Herstellung von Gebrauchs- und Kultgegenständen und deren Verzierung durch Schnitzen, ist ein Bestandteil aller Kulturen. Von der alten ägyptischen Kultur sind 4000 Jahre alte, geschnitzte Mumiendeckel erhalten. Die Griechen beschnitzten ihre Kampfwagen und hölzernen Schilde. Nach griechischen Vorbildern bauten die Römer für eine reiche Oberschicht kostbare Luxusmöbel.

Im Mittelalter erlebte die Bildschnitzerei in Europa eine besondere Blütezeit durch die Ausschmückung der Kirchen. Wir bewundern noch heute die Werke von Tilman Riemenschneider, Adam Kraft, Veit Stoß und Hans Brüggemann. In der Renaissance-, Barock- und Rokokozeit schnitzten die Bildhauer neben Kirchenarbeiten auch für Rat- und Zunfthäuser, für reiche Bürger und Fürsten. In unserer Zeit ist die Holzschnitzerei mehr und mehr zurückgedrängt worden durch die fabrikmäßige Herstellung unserer Gebrauchsgüter. Aber auch heute noch geben Behörden und Kirchen Aufträge an Holzbildhauer. Große Bildhauer unserer Zeit (Ernst Barlach, Henry Moore) bevorzugen das Holz für ihre Plastiken. Geschnitzte Grabmale und Wegzeiger sind Arbeiten aus unserer Zeit.

In Berchtesgaden wird seit dem 13. Jahrhundert geschnitzt. Bekannt sind auch die Arbeiten aus der Rhön, dem Schwarzwald und dem Erzgebirge. Holzschnitzereien aus Oberammergau, aus den schweizerischen Gebirgstälern und aus Tirol, sind über Europas Grenzen hinaus geschätzt und begehrt.

Schreiner und Zimmerleute kennen durch ihren Beruf die Schönheit und die Eigenschaften des Holzes. Viele werden dadurch zum Schnitzen angeregt. Die alten Inschriften, Zeichen und Ornamente an den Fachwerkhäusern wurden von Zimmerleuten mit dem Stemmeisen geschnitzt. Auch die Pferdeköpfe und Wendenknüppel an den niedersächsischen Bauernhäusern sind Arbeiten des Zimmermanns. Manche Steinbildhauer und Steinmetzen schnitzen in Holz, um in ihrem Beruf möglichst vielseitig zu sein. Sie haben bereits entsprechende Formenkenntnisse und müssen sich nur noch mit den Eigenschaften und der Schnitztechnik des Holzes vertraut machen. Erfahrungsgemäß lernen diese Handwerker verhältnismäßig schnell das Schnitzen.

Architekten gibt man in den Werkkunstschulen Gelegenheit, das Schnitzen zu erlernen, weil nur der Bau- und Innenraumgestalter Entwürfe für Schnitzereien werk- und materialgerecht macht, der mit der Technik des Schnitzens und den Eigenschaften des Holzes vertraut ist.

Es gibt aber auch Laien, die den schönsten aller Werkstoffe — das Holz — besonders lieben und dadurch zum Schnitzen veranlaßt werden. Ihre Zahl wächst ständig durch die Verkürzung der Arbeitszeit und durch die Mechanisierung vieler Berufe.

Dieses Buch möchte allen bei dem Bemühen um die Holzschnitzerei behilflich sein. Es soll aber auch dem Werklehrer Auskunft geben; von ihm verlangt man bekanntlich, daß er alle kunsthandwerklichen Berufe beherrscht. Dem jungen Holzbildhauer, der eine mehrjährige Werkstattlehre hinter sich hat, kann das Buch die Vielseitigkeit der Holzbildhauerei zeigen und ihn zur Weiterbildung anregen.

Unter den Holzbildhauern gibt es zwei Gruppen, die Figuristen und die Ornamentbildhauer. Zu den figürlichen Arbeiten zählt außer der menschlichen Figur auch die Tierplastik, das Relief und das Porträt. Zum ornamentalen Schnitzen gehört der Kerbschnitt, die Furnierschnitzerei und die geschnitzte Schrift. Figuristen und Ornamentiker sind nicht streng getrennt; es gibt Holzbildhauer, die beides beherrschen.

Ähnlich ist es mit der Berufsbezeichnung Schnitzer und Holzbildhauer. Der ein Bildwerk, eine Figur oder ein Porträt, aus dem rohen Holzblock heraushaut, ist der Bildhauer, der Verzierungen an Möbel, Schalen usw. macht, ist der Schnitzer. Diese Bezeichnungen sind landschaftlich nicht einheitlich und teilweise auch geschichtlich bedingt. Als sich aus dem Berufe des Zimmermanns der Schreiner und der Holzbildhauer entwickelte, entstanden im deutschen Raum die Bezeichnungen Schnitzler und Schnitker. Die Berufsbezeichnung Holzbildhauer kam später hinzu.

Arbeitsplatz und Werkzeuge

Für Kerb- und Stabschnitzen genügt ein heller Fensterplatz; für die übrige Schnitzerei braucht man einen hellen Werkraum, möglichst mit Nordlicht. Für Arbeiten, die im Freien aufgestellt werden, ist Oberlicht am besten. Künstliche Beleuchtung soll den ganzen Raum erhellen (Deckenleuchte). Zusätzlich ist noch eine direkte, verstellbare Platzbeleuchtung notwendig.

Werkzeuge. Für Kerbschnitzarbeiten genügen drei Schnitzmesser. Sie sind in fast allen Werkzeughandlungen und in den Bastler-Versandgeschäften zu kaufen. Um Schalen und Teller zu schnitzen, werden einige große Hohl- und Flacheisen und ein Balleisen gebraucht.

Für die übrige Holzschnitzerei muß der Anfänger schon einen Satz von 32 Eisen kaufen. Dieser Satz ist von Fachleuten zusammengestellt. Nach und nach ergänzt man seine Schnitzeisen je nach Art der Schnitzerei. Für tiefliegende Formen, z. B. bei einem Hochrelief, sind einige gekröpfte Hohl- und Flacheisen notwendig. Die in der Abbildung gezeigten Eisen können in verschiedenen Formen und in den Schnittbreiten 1 bis 40 mm gekauft werden. Schweizer Eisen werden bis zu 80 mm breit geliefert; um größere Holzmassen wegzuhauen, sind sie besonders geeignet.

Der Holzbildhauer besitzt mit der Zeit 50 bis 70 Eisen. Auf seiner Werkbank soll er aber immer nur die für die jeweilige Arbeit benötigten Schnitzmesser haben. Die nicht gebrauchten Eisen sind möglichst in der Nähe des Arbeitsplatzes auf einem hängenden Werkzeugbrett unterzubringen. Zuviel Werkzeuge auf dem Werktisch verzögern die Auswahl des jeweils benötigten Eisens.

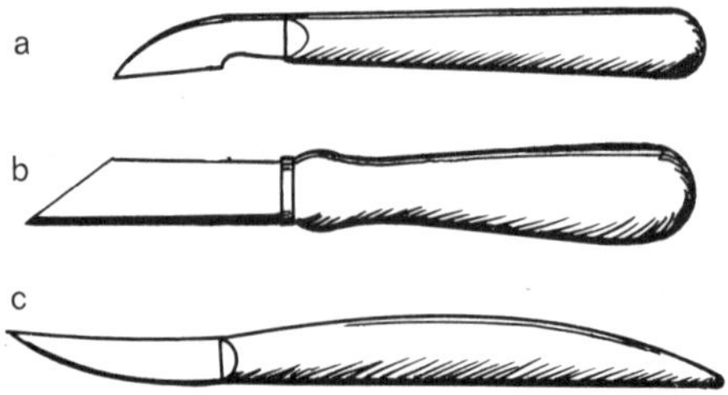

Kerbschnitzeisen

Balleisen

Schräges Balleisen

Flacheisen

Hohleisen

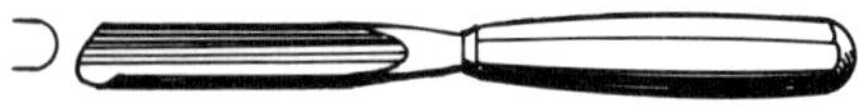
Bohrer

Geißfuß

Blumeneisen

Gekröpftes Flacheisen

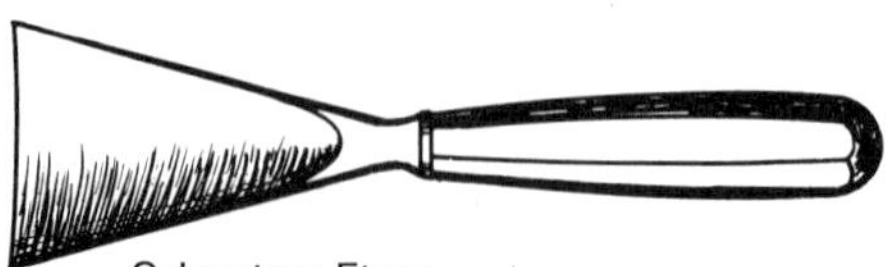
Schweizer Eisen

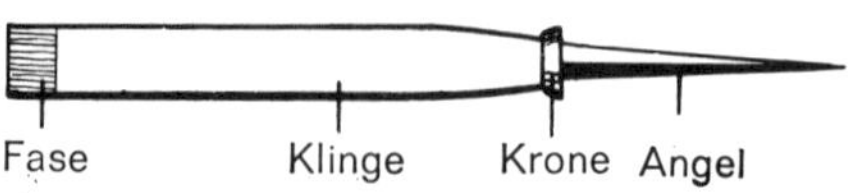

Außer den Schnitzeisen braucht man als Hammer den Bildhauerknüppel. Um größere Holzmassen wegzuhauen ist ein schwerer Knüppel mit einem etwa 30 cm langen Heft zweckmäßig; für Feinarbeiten wird ein kleiner, leichter Knüppel verwendet.

Das **Schleifen** der Schnitzeisen geschieht zunächst auf einer Schleifmaschine. Durch die runde Schleifscheibe wird die Fase etwas hohl. Hohlgeschliffene Eisen schneiden gut, werden aber schnell stumpf und brechen leicht aus. Die Schleifscheibe soll deshalb einen Durchmesser von mindestens 15 cm haben. Auch zu lang angeschliffene Eisen werden schnell stumpf und leicht schartig. Neue Eisen sind fast immer zu kurz angeschliffen. Als Faustregel gilt, daß die Fase 2mal so lang sein soll, wie das Eisen dick ist. Eisen, die man nur zum Sauberschneiden, also nicht zum Anlegen benutzt, schleift man etwas länger an. Nur die Fase, also nicht die Spiegelseite des Eisens, wird auf der Schleifscheibe geschliffen.
Vor der Schleifscheibe ist eine verstellbare Auflage angebracht. Beim Schleifen drückt die linke Hand das Eisen auf die Auflage und die rechte schiebt es gegen den Schleifstein. Es wird gegen die Laufrichtung der Scheibe geschliffen. Bei elektrisch betriebenen Kunststeinscheiben wird das Eisen leicht heiß, läuft blau an und schneidet nicht mehr. Um das zu vermeiden, muß man entsprechend oft unterbrechen. Hohl- und Flacheisen müssen beim Schleifen gleichmäßig und langsam nach rechts und links bewegt werden. Nach dem Schleifen auf der rotierenden Scheibe erfolgt das Abziehen auf dem sogenannten Belgischen Brocken mit Was-

Knüppel

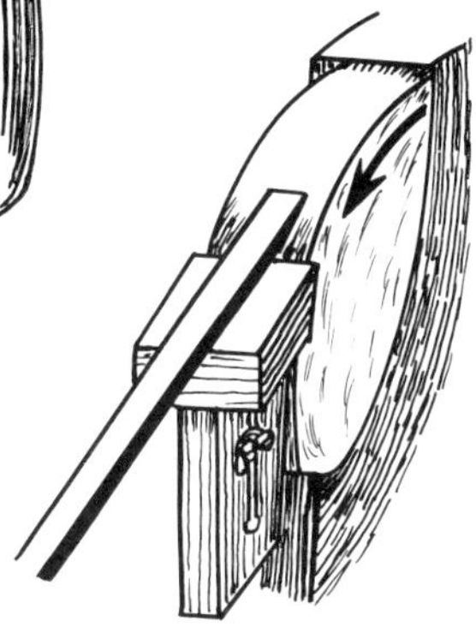

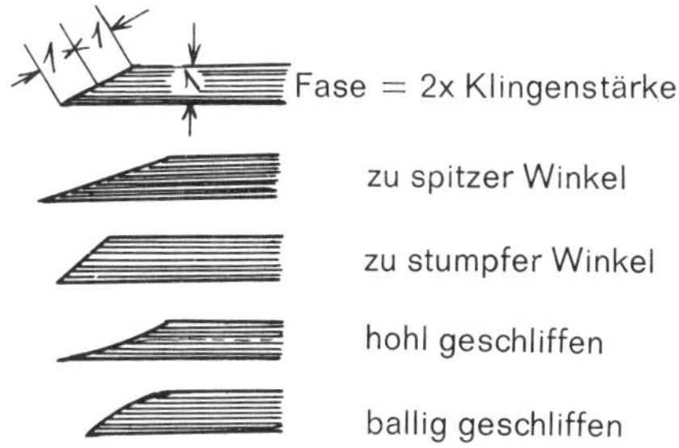

Belgischer Brocken

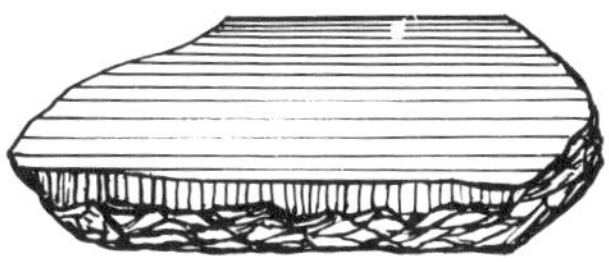

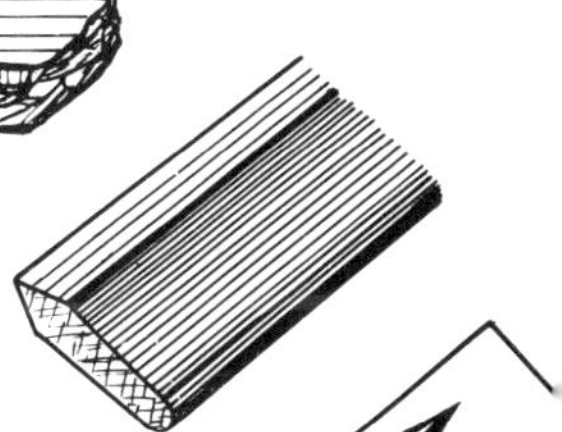
Arkansas Formstein

Abziehen

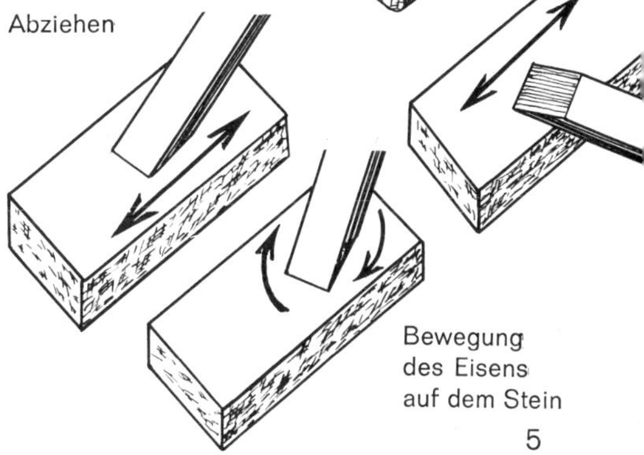

ser oder auf Arkansas-Steinen mit Petroleum. Manche Bildhauer setzen dem Petroleum auch etwas Maschinenöl zu. Man zieht abwechselnd von beiden Seiten ab, und zwar solange, bis der feine Grat an der Schneide verschwunden ist. Belgische Brocken und Arkansas-Steine sind Natursteine. Die Fachgeschäfte liefern auch künstliche Steine in verschiedenen Körnungen für Öl- und Wasserschliff. Das Abziehen geht schneller, wenn man zunächst auf einem gröberen Kunststein abzieht. Für das Abziehen von Hohl- und Flacheisen, Geißfuß und Bohrer gibt es entsprechende Formsteine. Man nimmt das Eisen in die linke Hand und bewegt mit der rechten Hand den Formstein. Wer gewöhnt ist, umgekehrt abzuziehen, also den Stein in der linken Hand halten und das Eisen mit der rechten Hand bewegen, soll dabei bleiben. Beide Methoden führen zum Erfolg. Scharf wie eine Rasierklinge werden die Schnitzeisen, wenn sie zum Schluß auf einem Lederriemen oder auf einem Stück Hartholz abgezogen werden. Es wird abgezogen, sobald die Eisen nicht mehr „sauber" schneiden; auf der Schleifscheibe geschliffen wird aber nur dann, wenn ein Eisen schartig oder ballig ist. Ein gut geschliffenes und tadellos abgezogenes Eisen ist die Voraussetzung für eine saubere Schnitzarbeit.

Holz – seine Eigenschaften

Der Holzbildhauer muß die Eigenschaften des Holzes kennen, damit er das richtige Holz für eine Schnitzerei auswählen und werkgerecht verarbeiten kann. Die Abbildung zeigt den Quer- oder Hirnschnitt eines Stammes. Die hellen Ringe sind das weiche, im Frühjahr schnell gewachsene Holz, die dunklen, die im Spätsommer gewachsenen. Beides zusammen, je ein heller und ein dunkler Ring, bilden den Jahresring. Unter dem Bast wächst jährlich ein neuer Ring von Früh- und Spätholz. Splintholz sind die zuletzt gewachsenen Jahresringe. Sie sind noch nicht verkernt und daher kein Kernholz. Die Jahresringe schließen sich in der Baumspitze und bilden übereinandergeschobene Hohlkegel. Dadurch zeigen die Seitenbretter die schöne Fladerung. Von der Mitte des Stammes gehen die Markstrahlen aus. Beim Spiegelschnitt werden diese Strahlen in der Länge durchgeschnitten und erscheinen dann als sogenannte Spiegel. An Buchen- und Eichenbrettern sind sie gut sichtbar.

Frisch gefälltes Holz besteht bis zu 60% aus Wasser. Nach dem Schneiden in Bohlen und Bretter verdunstet das Wasser bis auf 15%. Das Holz ist dann lufttrocken. Beim Trocknen schrumpfen die Zellen durch den Wasserverlust ein. Bei zunehmender Luftfeuchtigkeit nehmen sie wieder Wasser auf und dehnen sich entsprechend aus. Dieses Quellen und Schwinden des Holzes macht sich oft unangenehm bemerkbar durch Werfen, Schiefwerden und Reißen. In der Längsrichtung schwindet das Holz sehr wenig, etwa 1/10%, in der Richtung der Markstrahlen ungefähr 5% und in der Richtung der Jahresringe bis 10%. Die Markstrahlen sind eine feste Querverbindung und halten die Schrumpfung auf. Darum trocknet ein Stück Holz in der Richtung der Markstrahlen nur etwa halb so stark ein, wie in der Richtung der Jahresringe. Die hier angegebenen Schwundmaße sind Durchschnittsmaße und bei den einzelnen Holzarten sehr verschieden; z. B. schwindet Buche ungefähr doppelt so stark wie Eiche. Die äußeren Jahresringe sind weicher, enthalten mehr Feuchtigkeit und ziehen sich beim Trocknen mehr zusammen als die inneren verkernten Ringe. Darum sind die Seitenbretter gewölbt. Beim Verleimen müssen wir dieses Arbeiten des Holzes berücksichtigen. Nach der alten Tischlerregel wird Kern an Kern und Splint an Splint geleimt. Bei starken Klötzen und Stollen für figürliche Arbeiten leimt man die linken Seiten aufeinander.

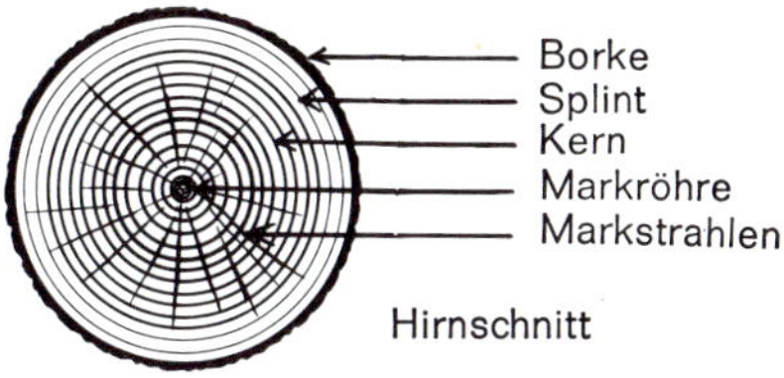

Hirnschnitt

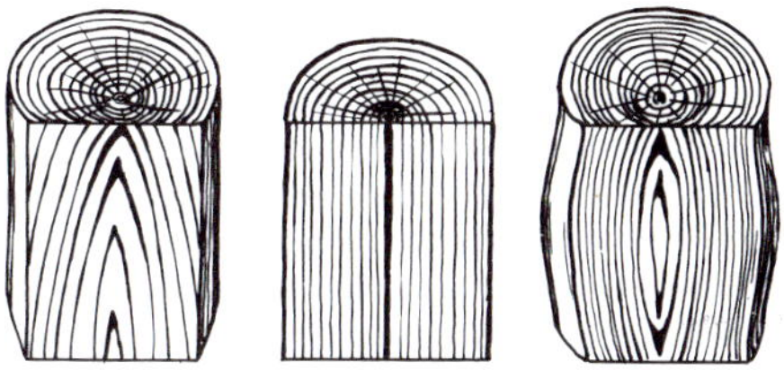
Flader- oder Sehnenschnitt — Spiegel- oder Radialschnitt — durch Krümmung zweiseitige Fladerung

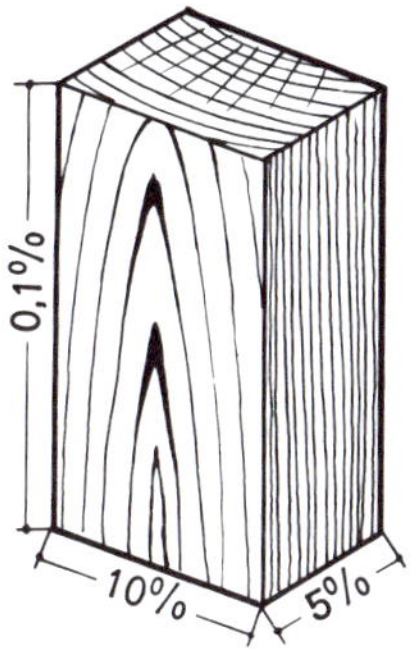

Durchschnittliche Schwundmaße

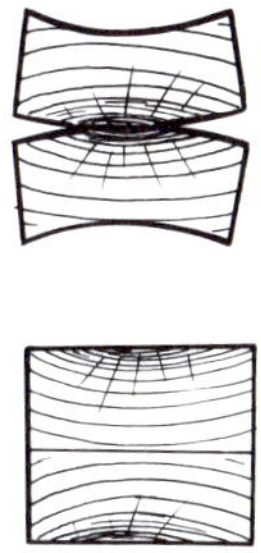

verleimen

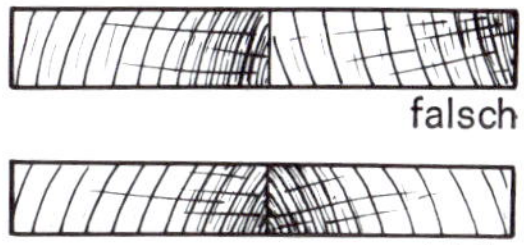

Die Auswahl des Holzes

Feine oder grobe Holzfasern, Früh- und Spätholz, Markstrahlen, Astbildungen und welliger Wuchs bilden die Maserung des Holzes. Dabei gleicht keine Brettansicht der anderen. Das Holz hat unendlich viele Gesichter. Diese vielfältige Schönheit und seine warmen Farbtöne sind durch keinen anderen Werkstoff zu ersetzen. Maserung und Farbe sind bei der Auswahl des Holzes für eine Schnitzarbeit zu berücksichtigen. Die Längsstreifen der Mittelbretter und die Fladern der Seitenbretter können unsere geschnitzten Formen noch besonders betonen, aber auch stören oder gar zerstören. Die Form einer Schale kann durch die zweiseitige Flader eines Seitenbrettes noch betont werden. Bei einer stehenden Figur kann die Senkrechte, das Aufwärtsstrebende, durch die senkrechten Streifen eines

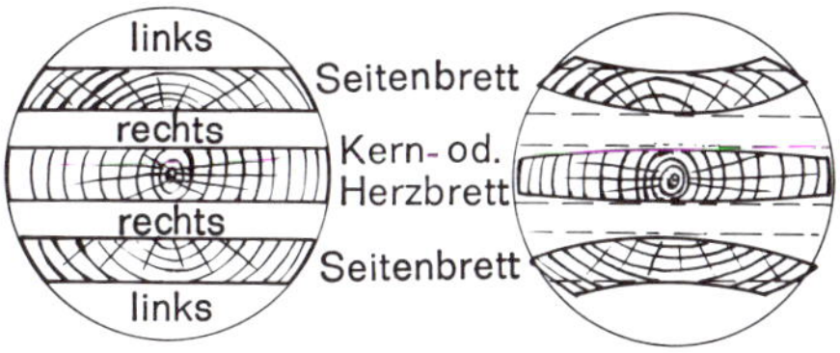

dem Eintrocknen

Mittelbrettes unterstützt werden. Für kleine, sehr bewegte Arbeiten nimmt man besser schlichte Hölzer mit wenig sichtbarer Zeichnung (Linde, Abachi, Ahorn, Birne und Buchsbaum). Kräftige Maserungen zeigen Kirsche, Rüster, Eiche, Lärche und Kiefer.
Die Beschaffung von geeigneten Hölzern macht oft Schwierigkeiten. Bretter bis zu 25 mm Stärke geben die Furnierhandlungen ab. Das sind Messerreste, die bei der Furnierherstellung übrigbleiben. Es sind fast immer gut ausgesuchte Edelhölzer. Dickere Hölzer, Bohlen und Klötze liefern Spezialfirmen; Lindenholz führen auch manche Bastlergeschäfte.

Hölzer, die sich besonders zum Schnitzen eignen

Linde hat eine weißlich-gelbe bis hellrötliche Farbe; es hat dichte Poren, schwindet ziemlich, arbeitet aber nach dem Trocknen wenig, ist leicht und läßt sich in jeder Richtung gut bearbeiten. Wegen seiner Weichheit und gleichmäßigen Struktur ist es bei den Holzbildhauern besonders beliebt.

Abachi wächst im tropischen Afrika. Das Holz hat eine schöne hell-gelbliche Farbe. Die mittelgroßen Poren bilden eine gleichmäßige lebendige Oberfläche. Abachi ist weicher und bedeutend leichter als Linde und für mittelgroße und große Arbeiten gut geeignet. Es ist elastisch und schwindet wenig.

Buchsbaum ist hellgelb und sehr hart. Durch sein dichtes Gefüge eignet es sich besonders für sehr kleine, kostbare Arbeiten und ist kaum durch ein anderes Holz zu ersetzen.

Gabun wird meist zu den Mahagonihölzern gerechnet. Es hat aber wesentlich andere Eigenschaften; es ist ein Weichholz und läßt sich leicht schnitzen. Seine helle, blaß-rötliche Farbe hat längst nicht die intensive Leuchtkraft der echten Mahagonihölzer.

Bergahorn ist von den verschiedenen Ahornarten am wertvollsten. Es hat eine schöne, hellgelbe Farbe, eine kaum sichtbare gleichmäßige Maserung mit seidenartigem Glanz. Ahornholz ist ziemlich hart und spröde und für kleine bis mittlere Arbeiten geeignet.

Birnbaum ist zunächst rötlich-braun und dunkelt nach bis zu einem schönen Braun. Es ist feinporig und hat eine gleichmäßige Maserung. Obwohl ziemlich hart, läßt es sich doch gut schnitzen. Für kleine bis mittlere Arbeiten eignet es sich besonders gut.

Nußbaumholz ist eines der edelsten Hölzer. Der Splint ist grauweiß, der Kern hat eine schöne graubraune bis schwarzbraune Färbung. Kaukasisches Nußbaum hat dunkle Adern und Streifen, die die Form von Schnitzarbeiten oft benachteiligen. Deutsches Nußbaum ist dagegen schlicht und feinfaserig, mittelhart und läßt sich sehr gut schnitzen. Es schwindet stark, neigt aber wenig zum Reißen.

Kirschbaumholz ist hellgelb bis rotbraun gestreift, hat eine kräftige, oft geflammte Maserung. Seinen warmen, zarten Glanz bewirken vorwiegend die Markstrahlen. Für kleinere Arbeiten ist es weniger geeignet. Bei größeren Schnitzereien muß man beim Entwurf schon die kräftige Maserung berücksichtigen.

Erle wird nach dem Trocknen gelb- bis rostrot und ist etwas härter als Linde, läßt sich aber gut schnitzen und hat ein gleichförmiges dichtes Gefüge.

Eichenholz besitzt zunächst eine gelblich-braune Farbe. Der schmutzig-gelbweiße Splint darf nicht mit verarbeitet werden. Durch den reichen Gerbstoffgehalt dunkelt das Kernholz nach. Es wird blauschwarz, wenn es feucht mit Eisen in Berührung kommt. Die Stein- oder Wintereiche ist sehr hart. Zum Schnitzen eignet sich die milde Sommer- oder Spessarteiche bedeutend besser. Für Außenarbeiten (Wegzeiger, Grabmale) wird Eiche wegen seiner großen Wetterbeständigkeit bevorzugt.

Rio-Palisander (Jakaranda) gehört zu den wertvollsten Hölzern und kommt aus Brasilien. Es hat eine schokoladenbraune, oft auch etwas violette Farbe und tiefschwarze Adern. Das Holz ist hart und etwas spröde, läßt sich aber trotzdem gut bearbeiten, wachsen und mattieren. Ostindisches Palisanderholz ist etwas weicher und hat eine mehr blauviolette Farbe. Es ist nicht so wertvoll wie Rio-Palisander.

Wenge wächst in Afrika, besonders im Kongogebiet. Es ist dunkelbraun mit schwarzbraunen Streifen, ziemlich dicht und hart; sehr widerstandsfähig gegen Wetter, Insekten und Pilzbefall und läßt sich gut bearbeiten.
Außer den genannten Hölzern gibt es noch eine ganze Anzahl, die sich auch zum Schnitzen eignen. Von den Nadelhölzern kommt für Außenarbeiten besonders Lärche und Kiefer in Frage. An ausländischen Hölzern sind noch Teakholz und Platane zu empfehlen.

Amerikanisches Nußbaumholz hat eine gleichmäßig braune bis dunkelviolette Farbe. Es ist feinporig, astrein und hat einen feinen seidigen Glanz. Trotz ziemlicher Härte läßt es sich sehr gut verarbeiten.

Mahagoni. Es gibt eine große Anzahl Hölzer, die unter dem Namen Mahagoni auf den Markt kommen. Die Farbe ist daher je nach der Art unterschiedlich von gelblichrot bis dunkelrot und braun. Im Laufe der Zeit werden die Hölzer dunkler. Die schönen dunkelroten Biedermeiermöbel sind aus Mahagoni gearbeitet. Mahagonihölzer kommen aus Mittel- und Südamerika. Sie sind schwer, hart und widerstandsfähig gegen Witterung und Insekten. Tabasco- und Honduras-Mahagoni haben eine schlichte Struktur und eignen sich besonders zum Schnitzen. Alle Mahagonihölzer arbeiten sehr wenig und eignen sich darum auch für größere Bildhauerarbeiten. Aus Afrika kommt das für Möbel viel verarbeitete Sapeli-Mahagoni. Die schönen Streifen dieser Mahagoniart entstehen durch eine Art Drehwüchsigkeit. Beim Schnitzen muß man darum oft gegen die Faserrichtung schneiden.

Birke. Es gibt viele europäische und amerikanische Birkenarten. Das Holz hat eine weißlichgelbe bis rötliche Farbe; besonders die amerikanischen Birkenarten sind rötlicher und dunkler. Birkenholz läßt sich sehr gut schnitzen. Es ist etwas härter als Linde, sehr zähe, schwerspaltig und hat eine feine, dichte Struktur. Für größere Schnitzarbeiten ist es sorgfältig zu verleimen, weil es stark arbeitet. Unsere einheimische Birke hat meist viele Äste und liefert daher zum Schnitzen nur kleinere bis mittelgroße Werkstücke.

Afrikanischer Birnbaum kommt aus Westafrika. Er ist nicht mit unserem einheimischen Birnbaum verwandt, sondern Nußbaum. Die beste Art ist unter dem Namen Makorè im Handel. Das Holz hat eine schöne dunkelrote bis braune Farbe. Es ist dicht und ziemlich hart, läßt sich aber gut schnitzen. Durch Kristallablagerungen in den Fasern werden die Schnitzeisen schnell stumpf und müssen oft nachgeschärft werden.

Ulme oder Rüster wächst in ganz Europa. Das Holz ist hellbraun bis dunkelbraun. Die Seitenbretter zeigen eine kräftige Fladerung; die Mittelbretter lebhafte Streifen der Jahresringe. Das Holz eignet sich besonders zum Schnitzen größerer Formen, die bei geschickter Auswahl durch die Fladerung noch unterstützt werden, z. B. bei Schalen und Tellern. Aus Asien und Amerika kommt die Rotulme, sie ist dunkelbraun; im Radialschnitt zeigt sie die glänzenden Markstrahlen. Ulmenholz ist grobporig, zähe und splittert nicht leicht. Es sollte nicht gebeizt werden. Als schützender Überzug eignet sich am besten Zellulose-Mattierung.

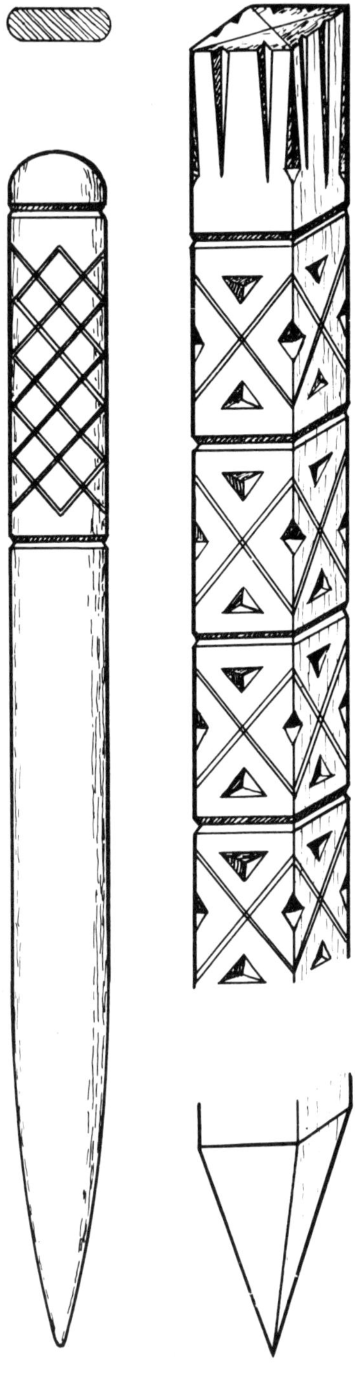

Stabschnitzen

Hirten und Wanderburschen verzieren ihre Wanderstöcke, indem sie ringförmige Teile der Rinde von frisch geschnittenen Stäben lösen. Diese Rindenschnitzerei ist wahrscheinlich der Anfang der volkstümlichen Holzschnitzerei. Das Stabschnitzen an Vierkantleisten ist verhältnismäßig leicht. Als Werkzeug genügt schon die kleine, gut geschärfte Klinge eines Taschenmessers. Abachi, Birke, Erle, Nußbaum und Mahagoni sind geeignete Hölzer. Vom Tischler lassen wir uns Vierkantstäbe in Stärken von etwa 15 x 15 mm und 20 x 20 mm arbeiten. Waagrechte Linien unseres Entwurfes übertragen wir mit einem kleinen Anschlagwinkel auf alle vier Seiten des Stabes. Schräge und senkrechte Linien werden freihändig eingezeichnet. Linien, die parallel zu den Längskanten laufen, können wir auch so ziehen, daß unsere Hand mit dem Bleistift ein Streichmaß bildet. Beim Entwurf achten wir schon darauf, daß zwischen den waagrechten Kerben ein Steg bleibt, weil sonst die Eckspitzen leicht abspringen. Bei viel benutzten Gegenständen, z. B. Brieföffnern, rundet man die 4 Kanten ab und beginnt dann erst mit Schnitzen. Schräge und senkrechte Linien gelingen fast immer mit 2 Schnitten (siehe unter Linienschnitt). Waagrechte Schnitte, also rechtwinklig zur Faserrichtung, schneiden wir zunächst senkrecht und dann von beiden Seiten schräg ein. Schachspiele lassen sich als Stabschnitzerei herstellen. Das Holz dazu muß schwer sein, weil sonst die Figuren beim Spiel nicht standfest sind; es sei denn, wir

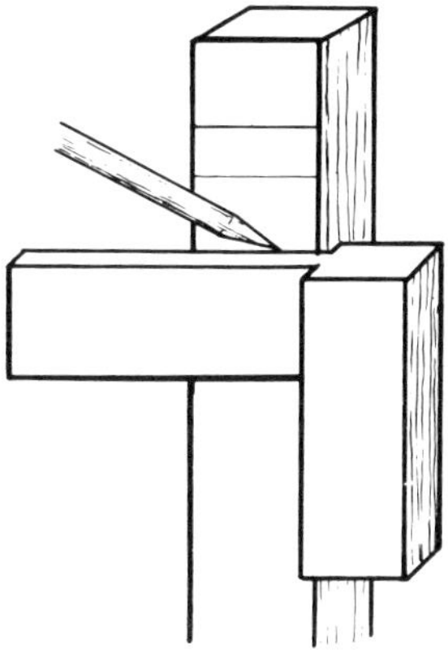

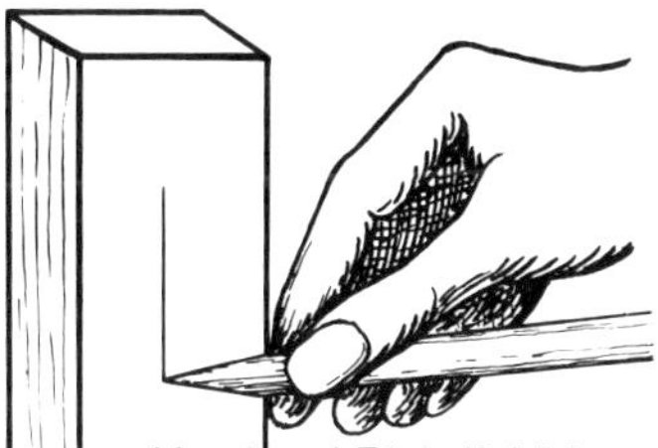

Hand und Bleistift bilden ein Streichmaß

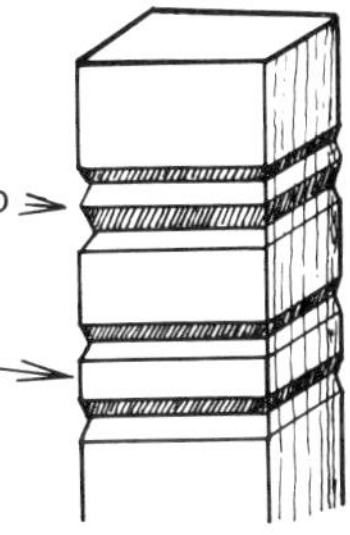

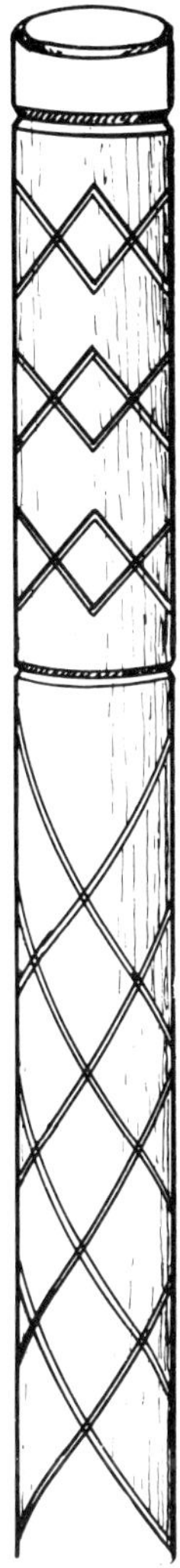

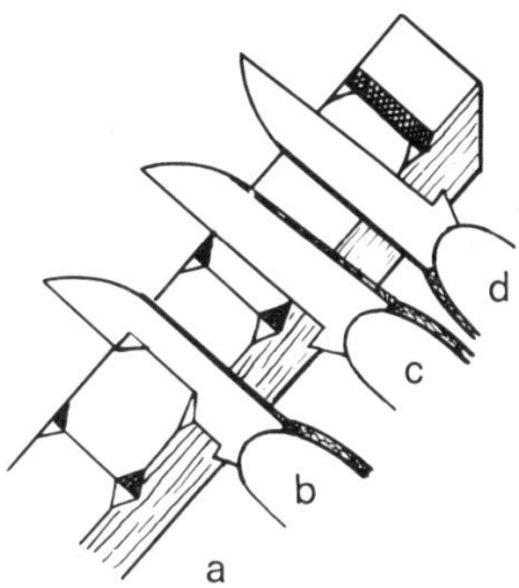

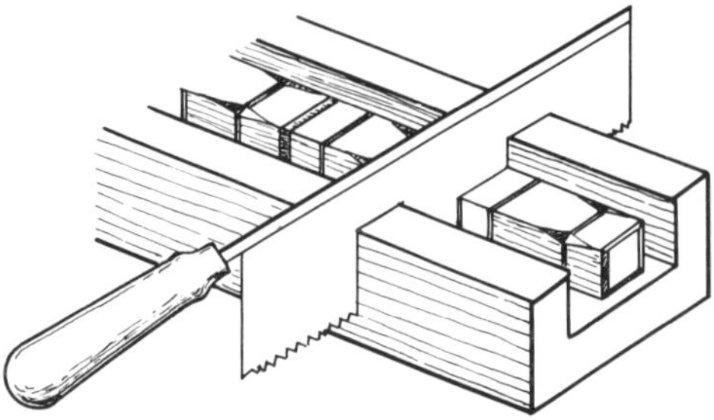

gießen oder klopfen in gebohrte Löcher der Standfläche etwas Blei. Für die dunklen Figuren eignen sich Mahagoni und Nußbaum, für die hellen sind Birke, Ahorn und Buche geeignet. Die einzelnen Figuren sägen wir erst nach dem Beschnitzen des gesamten Stabes in der Schneidelade ab.

Zum Stützen der Topfpflanzen werden gern beschnitzte Stäbe genommen. Dafür eignen sich auch Rundstäbe, die wir billig als Dübelholz in verschiedenen Stärken in Holz- und Werkzeughandlungen kaufen können. Noch schöner für diesen Zweck sind geschnitzte Stäbe vom Haselnußstrauch; die natürliche Rinde und das helle Holz nützen wir hierbei für unsere Gestaltung aus. Durch das Einkerben entstehen neben der dunkelfarbigen Rinde die hellen Schnittlinien des Holzes. Bei blühenden Topfblumen wirken reich beschnitzte Stäbe oft störend. Nicht die geschnitzten Stäbe, sondern die Blüten der Topfpflanzen sind uns wichtig. Die Stäbe dürfen nur Begleitung und Ergänzung der Blüten und rein praktisch eine Stütze der Pflanze sein. Wir sollten in diesem Falle besonders vorsichtig und sparsam verzieren.

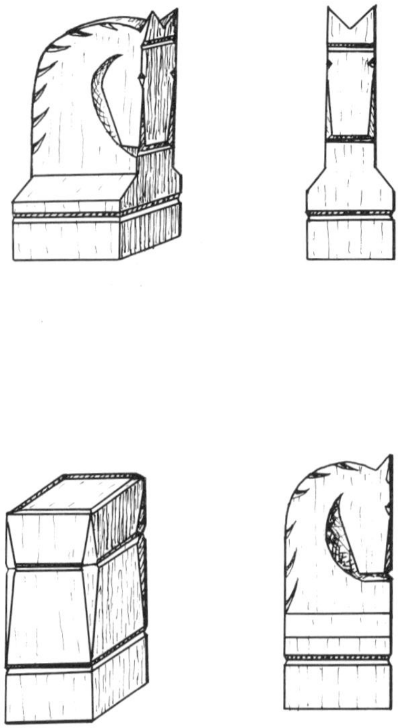

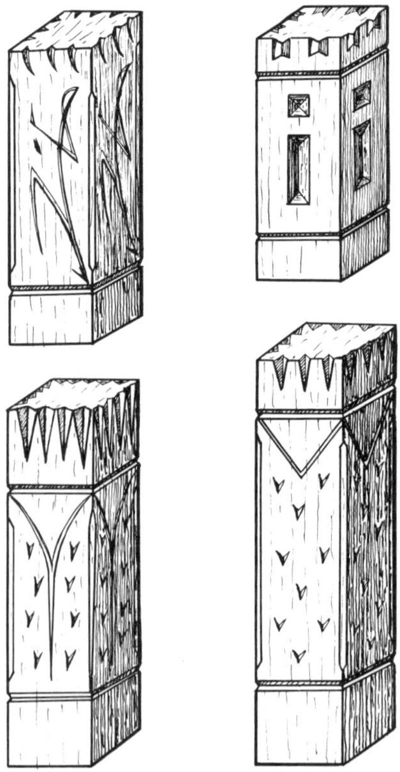

Kerbschnitzen

ist eine uralte Volkskunst und steht am Anfang in der Geschichte der Schnitzerei. Über alle Mode- und Stilrichtungen hat die Kerbschnitzerei sich erhalten, ist also zeitlos. Auch heute wird sie noch von Laien und Holzhandwerkern ausgeübt. Mit wenigen Grundformen gestaltet der Kerbschnitzer eine Vielfalt an Friesen, Bändern, Rosetten.

Schnitzmesser für die Kerbschnitzerei haben eine kurze Klinge, weil sie beim Schnitzen nur mit einer Hand, im Gegensatz zu den Holzbildhauereisen, gehalten werden. Drei Kerbschnitzmesser genügen für die Kerbschnitzarbeit. Es liegt nahe, auch das immer griffbereite Taschenmesser zum Schnitzen zu benutzen. Am besten eignet sich die kleine (kurze) Klinge; man muß sie jedoch spitz anschleifen. Die Kante des Messerrückens schleifen wir halbrund. Den Übergang von Klinge und Griff bewikkeln wir mit Leukoplast oder Isolierband. Dadurch schonen wir die Haut an unserem Zeigefinger. Beim Kerbschnitt schneidet man vorwiegend mit der Spitze des Messers. Sie muß darum besonders gut geschärft sein. Beim Nachschleifen darf man die Spitze nicht abrunden, sondern muß die spitze Form erhalten.

An **Hölzern** eignen sich für den Kerbschnitt besonders Abachi, Linde, Birke, Birnbaum, Erle, Eiche, Nußbaum und Ahorn. Hölzer mit starker Maserung, z. B. Rüster, sind weniger geeignet, weil die kräftige Maserung die Gesamtform einer Kerbschnitzarbeit stört. Für die ersten Übungen nehmen wir Abachi oder Linde, und zwar handliche Bretter in der Größe von etwa 25 x 8 x 1,5 cm.

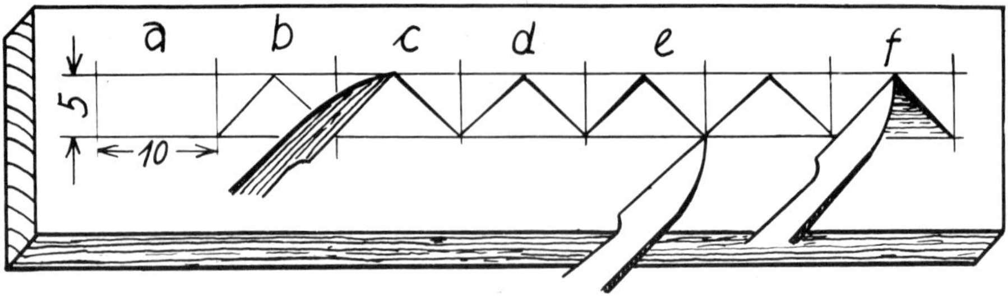

Die Übertragung des **Entwurfs** auf das Brett soll möglichst mit Winkel, Zirkel und Lineal gemacht werden. Wenn das nicht möglich ist, pausen wir bei hellen Hölzern mit Graphitpapier, bei dunklen mit Kohlepapier, den Entwurf auf das Werkstück. Zum Durchdrücken der Werkpause eignet sich am besten ein ziemlich harter spitzer Bleistift. Reste von mit Graphitpapier durchgepausten Linien lassen sich nach dem Schnitzen mit dem Radiergummi entfernen; stehengebliebene Linien von Kohlepapier kann man durch Schleifen und Abziehen mit der Ziehklinge entfernen. Bes-

Das Aufzeichnen für die ersten Übungen ist aus der Abbildung ersichtlich: zuerst die Querlinien in Abständen von 5 mm mit dem Anschlagwinkel ziehen, dann die senkrechte Einteilung von 10 mm. Nach entsprechender Übung können wir dann bereits schnjtzen. Für die ersten Versuche zeichnen wir die Dreieckslinien b ein. Mit dem Messer a schneiden wir die Dreieckslinien senkrecht ein und zwar erst rechts, dann links. Das Messer halten wir wie die Abbildungen zeigen. Die Spitze des Dreiecks ist tief einzuschneiden. Bei dem dritten Schnitt e — f halten wir das Messer ziemlich flach und schneiden von rechts nach links das kleine Dreieck heraus. Dieser letzte Schnitt erfordert mehr Übung als das Einstechen von c und d. Nach entsprechenden Versuchen „sitzt" jeder Schnitt richtig. Dazu muß unser Werkzeug so scharf sein, daß die geschnittene Holzfläche glänzt. Der Fachmann sagt dazu „auf Schnitt arbeiten". Für das Einstechen von c und d kann man bei kleinen Kerben und weichem Holz das Schnitzmesser auch wie einen Federhalter halten. Der Zeigefinger übt dann den Druck von oben aus. Bei den ersten Versuchen sammle man Erfahrung für beide Messerhaltungen.

Sollen unsere Kerbschnitte tiefer und größer sein, arbeiten wir mit den Schnitzmessern a und b. Zunächst zeichnen wir wieder waagrechte Linien und die senkrechte Einteilung, nehmen aber als Maße 1 x 8 mm und zeichnen die Dreiecke ein. Jetzt teilen wir unsere Dreiecke noch einmal auf, wie die gestrichelte Linie in b zeigt. In den Mittelpunkt des Dreiecks b setzen wir unser Schnitzmesser und schneiden damit durch die gestrichelten Linien zu den Ecken des Dreiecks. Bei weichem Holz können wir unser Messer wieder wie einen Federhalter führen. Bei härterem Holz und tiefen Kerben nehmen wir das Messer in die Faust. Das Herausschneiden der Pyramiden zeigen die Abbildungen c — f. Rautenförmige Vertiefungen werden auf dieselbe Art geschnitten.

Das Brett wird nicht eingespannt, sondern mit der linken Hand gehalten und entsprechend gedreht. Durch das Drehen hat man die Möglichkeit, mit der Faser zu schneiden. Eine fertige Dreiecksreihe zeigt die Abbildung. Setzen wir zwei solcher Reihen zusammen, entsteht ein Band mit Rauten. Eine reichere Ausführung erhalten wir durch zusätzliche kleine Kerben in den Rauten. Bei der Gestaltung von Kerbschnittornamenten dürfen wir natürlich Dreiecke und Rauten auseinanderziehen oder zusammendrücken. Eine solche Veränderung zeigt die Abbildung. Langgezogene Rauten sind ausdrucksstärker als ruhige Quadrate. Diese wenigen Beispiele mögen andeuten, welche Vielfalt mit dieser einen Grundform möglich ist.

Gerade Linien schneiden wir mit dem Messer c oder mit der kleinen Klinge eines Taschenmessers. Das Messer fassen wir so, daß die Messerschneide möglichst lang in das Holz eindringt. Dadurch besteht weniger die Gefahr des Abweichens von der Linie. Bei einiger Übung schneidet man die Kerblinie mit 2 schrägen Schnitten heraus. Wie breit und tief wir die Linie schneiden, richtet sich nach der Wirkung, die wir erreichen wollen. Tiefe Kerben werfen tiefen Schatten; sie wirken dann intensiver. Die Abbildung zeigt die Kerblinien

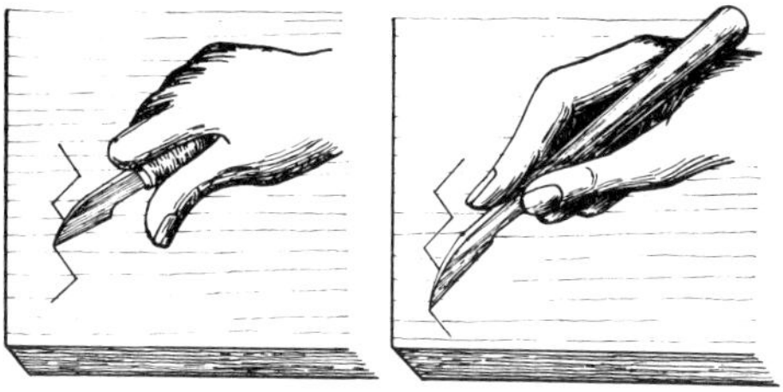

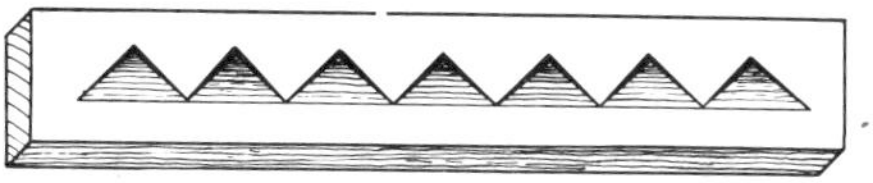

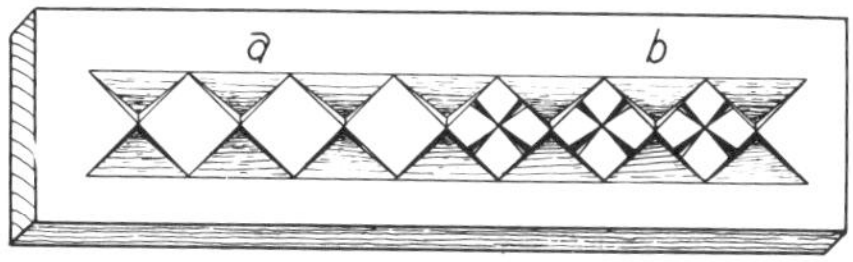

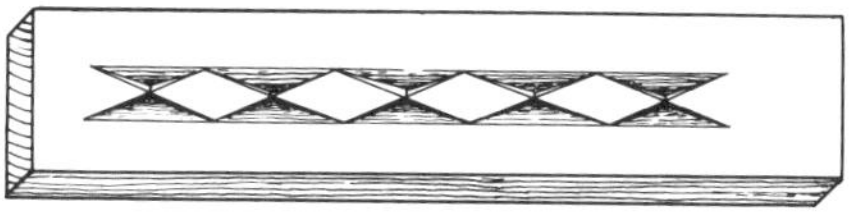

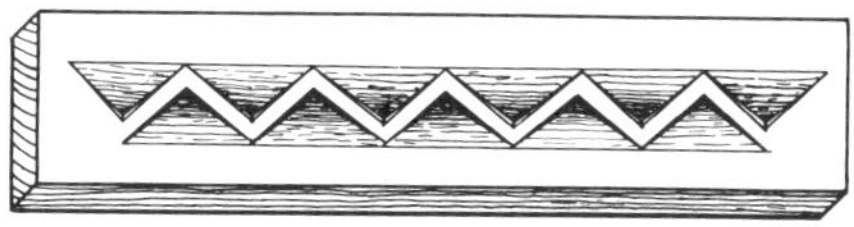

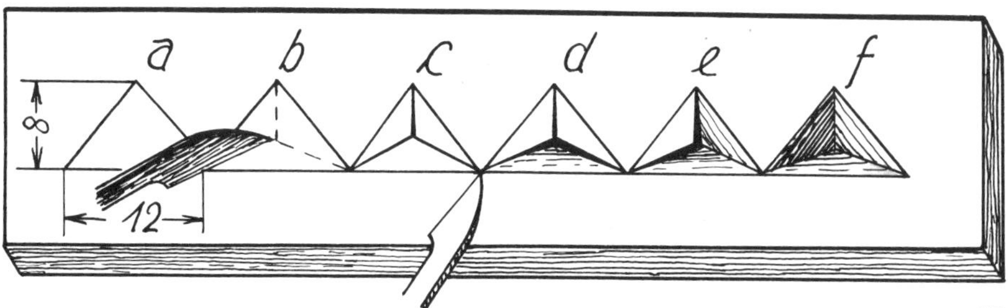

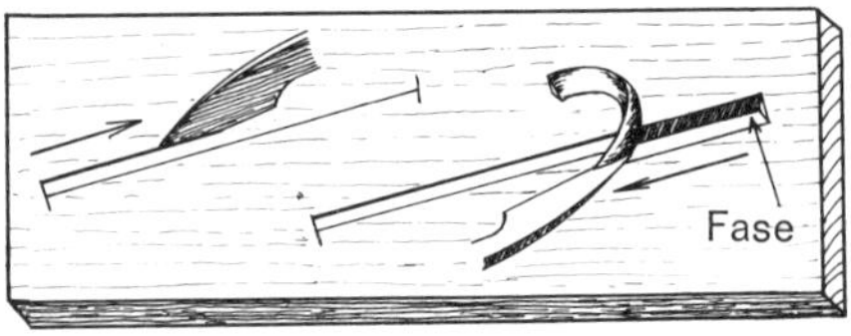

a b

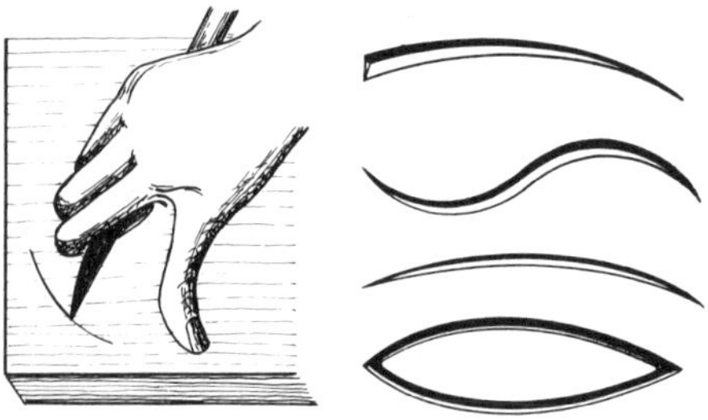

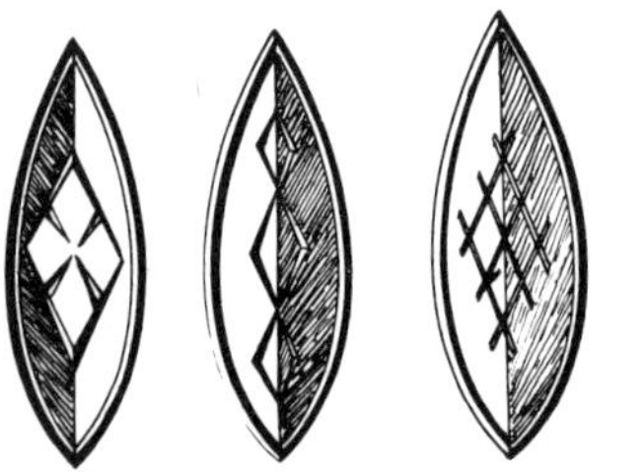

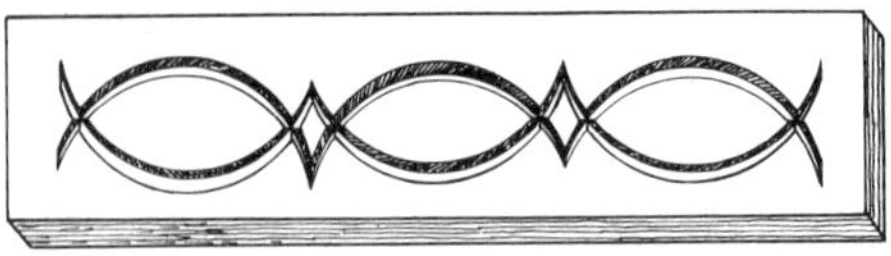

schräg zur Faserrichtung. Wir schneiden so, daß der Span gegen das Holz, die Kerbfase aber mit dem Holz geschnitten wird. Dadurch erhalten wir sauber geschnittene Linien. Gebogene Linien schneidet man mit einem möglichst schmalen und spitzen Messer. Das Messer wird aufrechter gehalten als beim geraden Linienschnitt. Oft schneidet man gebogene Linien in der Mitte breiter und tiefer, Anfang und Ende ganz schmal. Dadurch entsteht ein ausdrucksvolles Anschwellen und Ausklingen.

Die **sechsteilige Rosette** ist ein besonders beliebtes Motiv in der Kerbschnitzerei. Zur Konstruktion teilt man den Kreisumfang zunächst durch eine Mittellinie, setzt dann den Zirkel in Punkt 1 und 2 ein und schlägt mit dem Radius die Punkte 3 bis 6. Danach werden die sechs Teile halbiert und die Zacken des Sternes eingezeichnet. Die sechs stilisierten Blätter sind nur mit dem Zirkel gezeichnet. Man setzt zunächst den Zirkel in 1 und 2 ein und zeichnet damit 2 Halbkreise. Dann setzt man den Zirkel in die Punkte 3, 4, 5 und 6 ein und erhält dadurch die 6 Blattformen. Um den Raum zwischen den Blättern und dem Rand auszufüllen, konstruiert man dieselbe Form sechsmal an den Kreisrand. Man erhält die 6 Schnittpunkte, indem man nicht nur den Halbmesser auf den Kreisumfang zeichnet, sondern jedesmal einen neuen Kreis schlägt. Kerbschnitt-Ornamente sind konstruktiv und aus geometrischen Grundformen (Dreieck, Quadrat, Kreis usw.) gebildet. Diese typische Art der Kerbschnitzerei sollten wir beibehalten. Naturformen müssen daher entsprechend stilisiert werden. Die beiden Buchstützen sind Beispiele dafür.

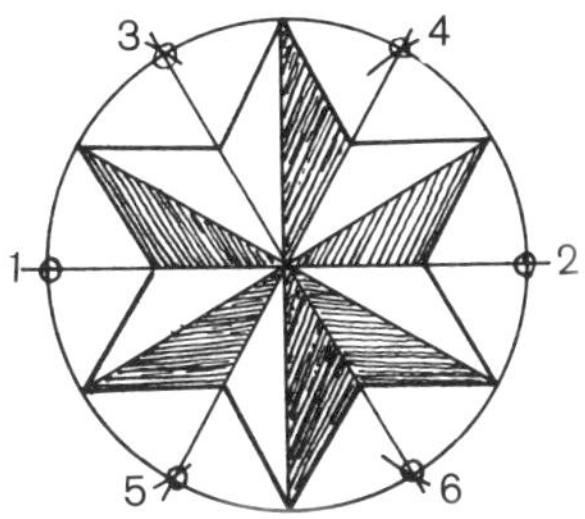
3
4
1
2
5
6

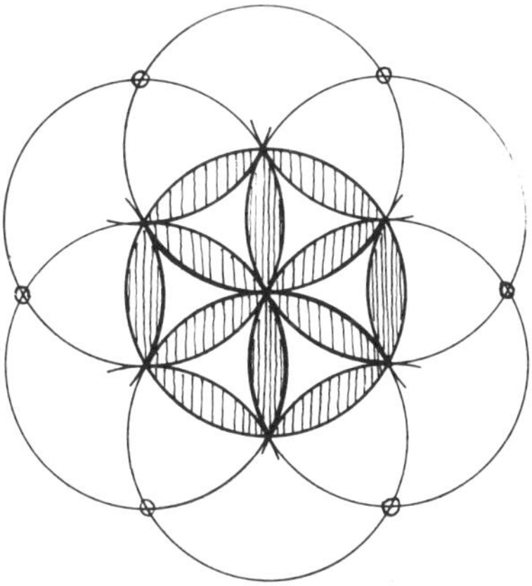

Furnierschnitzen

Die Wirkung der Kerbschnitzerei kann durch farbige Behandlung verstärkt werden. Man streicht die Schnittlinien mit Farbe aus und erhöht dadurch die Schattenwirkung der Linien. Gelegentlich wird auch die ganze Holzfläche — vor dem Beschnitzen — mit Deckfarbe bestrichen. Die danach eingeschnitzten Kerben und Linien wirken besonders durch den Kontrast von hell und dunkel. Bei der Verwendung von Farbe geht allerdings das Schönste, die Farbe und Struktur des Holzes, ganz oder teilweise verloren. Wir sollten daher den farbigen Anstrich von Kerbschnitzereien nur in Ausnahmefällen anwenden.

Eine ähnliche farbige Wirkung erreichen wir durch die Furnierschnitzerei, ohne aber die schöne Eigenart des Holzes zu zerstören. Die Furnierschnitzerei ist durch die neuzeitliche Furnier- und Sperrholztechnik entstanden. Sie wird bisher nur von wenigen Kunsthandwerkern ausgeübt, sollte aber mehr verbreitet sein, weil sie zeitgemäß ist und besonders gute Gestaltungsmöglichkeiten bietet. Die handwerkliche Ausführung ist verhältnismäßig einfach. Auf ein helles Brett (Birke, Abachi oder Ahorn) wird ein dunkles Furnier mit elastischem Kaltleim (z. B. Bindan oder Uhu-coll) geleimt. Dann erfolgt das Aufzeichnen und Schnitzen wie beim Kerbschnitt.

Wir ersetzen das Streichen mit Farbe durch Aufleimen von Furnieren. Statt helles Brett und dunkles Furnier kann man natürlich auch umgekehrt auf ein dunkles Brett ein helles Furnier leimen. Das richtet sich nach dem Entwurf. Besteht er vorwiegend aus Linien, statt Flächen, leimt man auf ein helles Brett ein dunkles Furnier. Die eingeschnittenen Linien erscheinen dann hell. Berücksichtigen muß man hierbei, daß helle Linien auf dunklem Grund schmaler wirken als dunkle Linien auf hellem Grund.

dunkles Brett/heller Furnier

helles Brett/dunkler Furnier

Für größere Arbeiten eignet sich das übliche Möbelfurnier (Mahagoni, Nußbaum, Birke, Abachi), für mittlere und kleine Arbeiten ist es jedoch zu dick. Man kann nach dem Aufleimen das Deckfurnier vorsichtig dünner hobeln und schleifen. Nach dem Schleifen gut ausbürsten, sonst werden die Schnitzmesser schnell stumpf. Ich nehme für kleinere Arbeiten Holztapete, die aus echtem dünnen Furnier, mit einer Papierschicht auf der Rückseite, hergestellt wird. Nach etwa einstündigem Einweichen mit einem recht nassen Tuch, kann man das Papier ohne Schwierigkeiten ablösen und hat dann ein schönes, dünnes Furnier. Noch dünner ist das sogenannte Mikroholz: ein papierdünnes Furnier mit einer Papierschicht auf der Rückseite verstärkt. Die Papierschicht darf man nicht ablösen, weil sonst die sehr dünne Holzschicht zerfällt. Mikroholz eignet sich für kleine Schnitzereien und Reklamearbeiten. Die besondere Eigenart der Furnierschnitzerei erreicht man jedoch nur teilweise damit. Immerhin ist eine Schnitzerei mit Mikroholz besser und materialgerechter als Kerbschnitzerei mit aufgestrichener Farbe.

Größere Massivbretter verziehen sich. Wir müssen daher bei großen Flächen Sperrholz oder Tischlerplatten verwenden. Ist das Deckfurnier der Platte nicht nach unseren Wünschen, leimen wir zwei Furniere, ein helles und ein dunkles, darauf. Das Grundfurnier muß entsprechend dick sein.

Während die reine Kerbschnitzerei durch den Schatten der Kerben und Linien wirkt, erreicht man den lebendigen und kraftvollen Ausdruck der Furnierschnitzerei mehr durch die hellen und dunklen Furnierfarben. Kerb- und Linienschnitte unterstützen und begleiten jedoch das hell-dunkle Farbenspiel. Die Furnierschnitzerei steht etwa zwischen der Einlegearbeit (Intarsien) und der Flachschnitzerei, teils erinnert sie auch an den Linol- und Holzschnitt.

Für die meisten der gezeigten Arbeiten genügen die 3 Kerbschnittmesser nicht mehr. Um den Grund sauber zu schneiden, benötigen wir Hohl- und Flacheisen. Für die Linien sind auch ein Geißfuß und kleine Hohleisen, sogenannte Bohrer, zweckmäßig.

Ornamentschnitzen

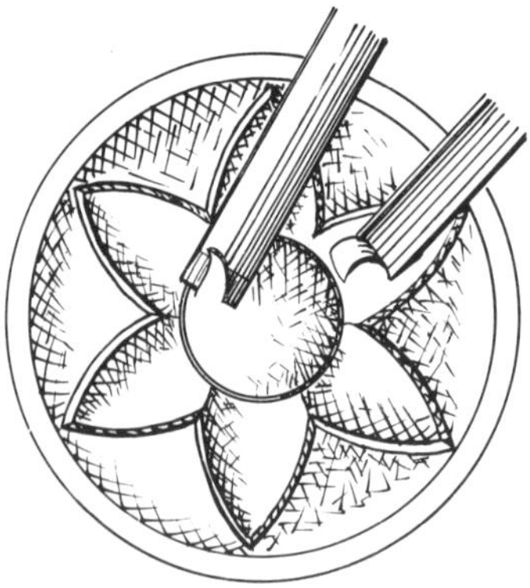

Das zu schnitzende Ornament wird auf das Brett gezeichnet oder mit Kohlepapier und spitzem Bleistift durchgepaust. Auf ein größeres Brett, das in die Schnitzbank oder mit Schraubzwingen auf den Werktisch gespannt wird, leimt man das Werkstück. Damit die fertige Arbeit sich leicht von der Unterlage löst, leimen wir zwischen Unterlage und Werkstück ein Stück Zeitungspapier.

Das plastische Ornament wird aus Linien und Flächen, besonders aber aus Hohlformen und plastischen Rundformen gebildet. In der Abbildung ist in der Mitte der Rosette eine plastische Rundform. Die sechs Blätter sind Hohlformen. Diese beiden Grundformen wiederholen sich in vielfältiger Abwandlung immer wieder. Hohlformen schneiden wir mit einem Hohleisen, das etwas kleiner sein darf als die gewünschte Form. Plastische Abrundungen, wie Trauben, Perlen usw., werden mit dem umgedrehten Flach- oder Hohleisen geschnitzt.

Die Abbildung zeigt, wie die aufgezeichneten Linien zunächst mit dem passenden Eisen eingesetzt werden und wie dann der Grund mit einem Flacheisen herausgeholt wird. Den Grund sauberzuschneiden, macht dem Anfänger zunächst Schwierigkeiten. Wenn man saubere Schnitte stehen läßt, hebt sich das Ornament besser von der Grundfläche ab. Nicht werkgerecht und abzulehnen ist das sogenannte Sanden mit Punzen oder Tippler.

Aufzeichnen
und Einsetzen

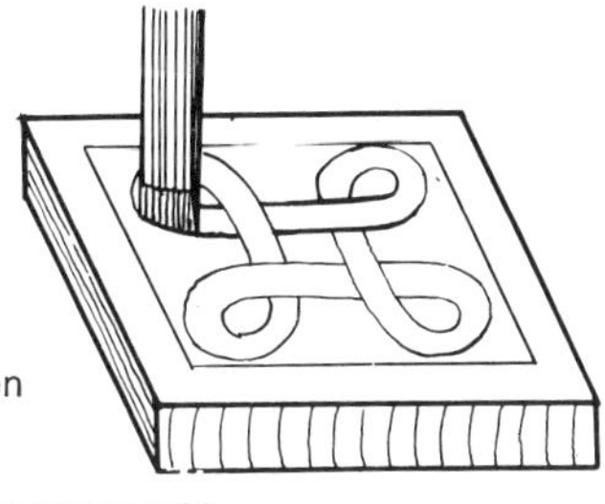

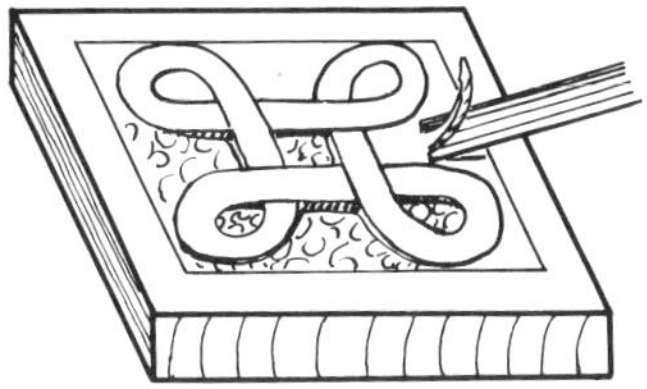

Grund
ausheben

Sauber-
schneiden

Beim Schneiden führt die linke Hand das Eisen und die rechte Hand schiebt das Werkzeug weiter. Mit Rücksicht auf die Faserrichtung arbeitet der geübte Holzbildhauer oft umgekehrt, so daß die linke Hand schiebt und die rechte führt. Es ist gut, wenn der Anfänger sich gleich daran gewöhnt. Beim Einsetzen dagegen hält immer die linke Hand das Eisen und die rechte den Knüppel. Schlagen wir größere Mengen Holz weg, z. B. beim Hohlmachen einer Schale, ist der Wechsel von rechts nach links oft zweckmäßig. Eisen und Knüppel sind fest und sicher zu führen, jedoch nicht verkrampft zu halten. Der Knüppel muß das Eisenheft im rechten Winkel treffen. Für die Schläge bewegt man das Ellenbogen-, nicht das Schultergelenk.

Wir schneiden möglichst mit der Faser. Oft läßt sich das nicht durchführen. Wenn wir das Eisen schräg zur Faserrichtung führen, schneidet die eine Hälfte des Eisens mit der Faser und die andere dagegen. Leichter läßt es sich schneiden, wenn man das Eisen beim Weiterschieben etwas um die eigene Achse dreht.

A B C D

Die Abbildung zeigt den Werdegang einer ornamentalen Schnitzerei. Teil A ist aufgezeichnet, in B sind die Umrißlinien eingesetzt. In C ist der Grund mit entsprechenden Flacheisen herausgehoben. Wenn bei diesem ersten Arbeitsgang der Grund nicht tief genug ist, wiederholen wir dasselbe, also einsetzen und den Grund tiefer schneiden. D zeigt das fertig geschnitzte Ornament. Der Holzbildhauer nennt diese Arbeitsgänge Anlegen und Sauberschneiden. Zum Anlegen braucht man außer dem Eisen auch den Knüppel und zum Sauberschneiden gut abgezogene Eisen. Die eine Abbildung zeigt eine angelegte und die andere Abbildung die saubergeschnittene Arbeit.

Schalen und Leuchter

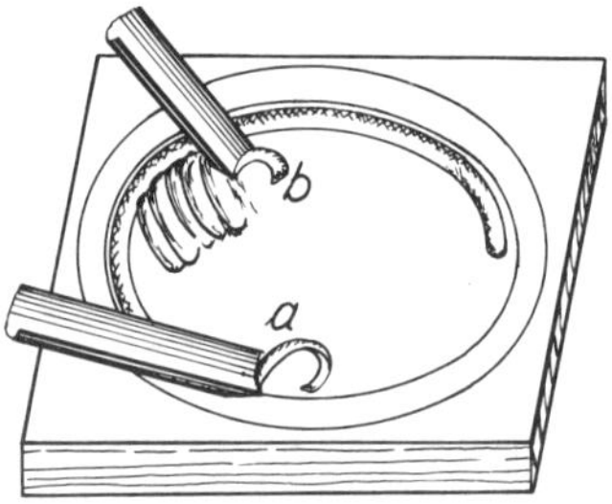

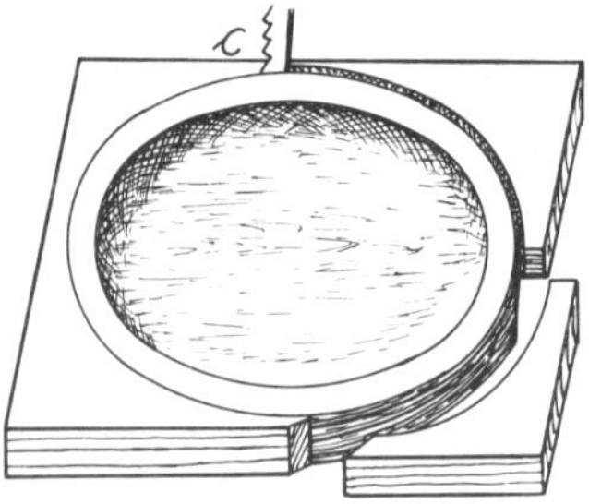

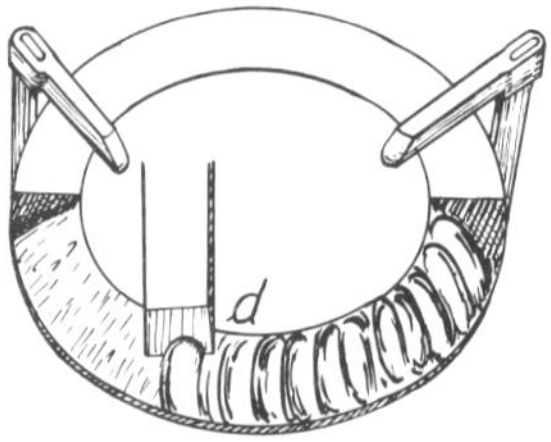

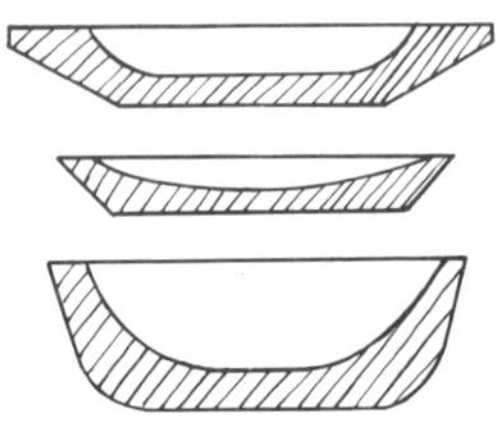

Schnitte durch Grundformen

Holzgefäße werden von allen Kulturvölkern seit Urzeiten hergestellt. In der Volkskunst finden wir besonders schöne Formen, oft mit symbolischer Bedeutung, z. B. Trinkgefäße in Vogelgestalt. Diese Gefäße wurden bei festlichen Gelegenheiten benutzt. Den besonderen Wert erhält eine Holzschale oder ein Teller durch die einmalige handwerkliche Ausführung und den Werkstoff Holz. Jedes Holzgefäß zeigt eine andere Maserung. An uns liegt es, diese Schönheit des Holzes zu zeigen; wir verzichten darum oft auf zusätzliche Verzierungen. Eine kräftige Maserung zeigen Rüster, Kirsche, Lärche und Kiefer.

Soll der Rand oder die Mitte beschnitzt werden, nehmen wir schlichte Hölzer, wie Ahorn, Birke, Eiche oder amerikanisches Nußbaum. Soll die Form einer Schale durch die Maserung noch besonders betont werden, nehmen wir ein Seitenbrett mit der linken Seite nach oben (siehe Abschnitt Werkstoff). Auf die obere Seite zeichnen wir den äußeren und den inneren Umriß der Schale. Steht keine Schnitzbank zur Verfügung, befestigen wir das Werkstück mit zwei kräftigen Schraubzwingen. Zum Ausstemmen der Hohlform benützen wir ein großes Hohleisen und schlagen mit Hilfe des Knüppels die Holzmasse heraus. Dabei arbeitet man möglichst quer oder schräg zur Holzfaser, ähnlich wie der Tischler den Schrubbhobel führt. Um den inneren Schalenrand nicht zu beschädigen, schlagen wir zunächst vorsichtig eine Hohle, ziemlich nahe am Zirkelriß, und zwar mit der Faser. Wenn die gewünschte Hohlform angelegt ist, schneiden wir mit einem scharfen Flacheisen den inneren Schalenrand und dann von oben nach unten die gesamte

Hohlform sauber. Die letzten sauberen Schnitte erzeugen eine feine lebendige Flächenwirkung. Nachschleifen sollte man nur, wenn die Benutzung der Schale es erfordert, z. B. eine Obstschale. Nach Fertigstellung der Hohlform sägen wir das runde Brett mit einer Dekupiersäge heraus. Jetzt wird das Brett mit der Hohlform nach unten festgespannt. Von der Rückseite nehmen wir mit einem großen Hohleisen und dem Knüppel die Masse des überflüssigen Holzes weg und schneiden mit Flach- und Balleisen sauber.

Für Teller, Schale und Kump gibt es nur wenige Grundformen. Nach diesen sollten wir uns richten und keine modischen Spielereien nachahmen. Auf keinen Fall dürfen wir durch Schnitzen von Profilen und durch Schleifen Drechslerarbeiten vortäuschen. Das wäre unehrlich. Geschnitzte und gedrehte Schalen haben beide einen besonderen Eigenwert.

Das Schnitzen von Schalen ist eine gute Vorübung für figürliches Arbeiten. Man lernt in großen Formen zu gestalten und tief in das Holz hineinzugehen. Die gezeigten Kerzenhalter und Schiffchen sollen Anregung für ähnliche Schnitzarbeiten geben.

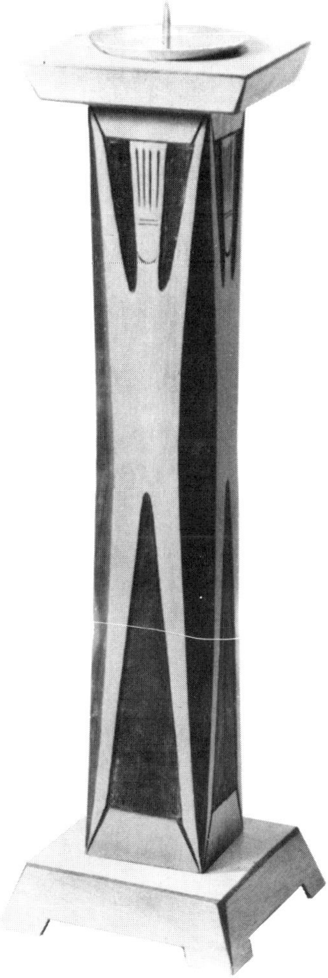

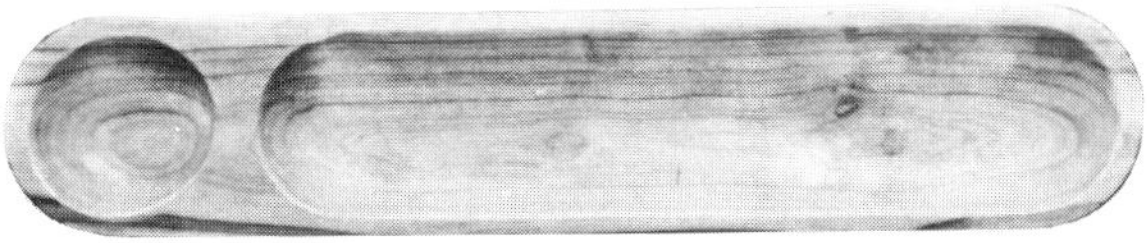

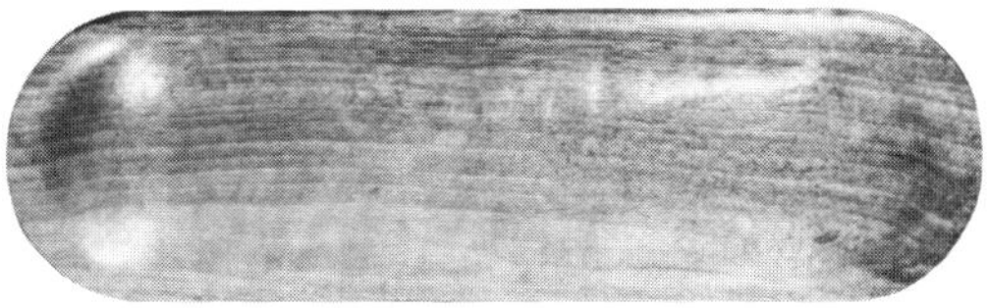

Das Relief

Den Übergang von der Zeichnung zur Rundplastik bildet das Relief. Die Zeichnung hat zwei Ausdehnungen: Länge und Breite. Relief und Rundplastik werden mit der dritten Ausdehnung, der Tiefe, gebildet. Die Tiefe ist beim Relief jedoch nur ein Bruchteil der realen Wirklichkeit. Ein Kopf, der als Rundplastik etwa 20 cm Tiefe hat, erscheint im Relief vielleicht nur mit 1 oder 2 cm. Das muß bei der Gestaltung berücksichtigt werden; die Einzelformen sind entsprechend flach zu halten.

Es liegt im Wesen des Reliefs, von Figuren, Tieren und Porträts möglichst viel „Breitseiten“ zu zeigen. Den Kopf von der Seite, die Brust von vorn, Oberschenkel von der Seite usw. Das machten die Griechen schon vor Jahrtausenden richtig.

Das Relief soll in der Fläche bleiben. Darum läßt man möglichst viel von der Vorderfläche stehen. Figuren und Tiere müssen sich der Fläche entlang bewegen und nicht aus der Tiefe zum Beschauer schreiten. Ein Kopf darf als Relief nicht wie eine halbierte Kugel wirken. Im Schnitt sieht ein Porträtrelief wie ein Korbbogen aus.

Zum Schnitzen überträgt man eine genaue Zeichnung auf das Brett. Dann die Umrißlinien scharf absetzen und den Grund herausnehmen, wie beim Ornament. Die einzelnen Formen vorsichtig zurücksetzen und oft kritisch betrachten. Das Werkstück möglichst hochkant einspannen, damit wir sehen, wie die Arbeit später beim Hängen an der Wand wirkt.

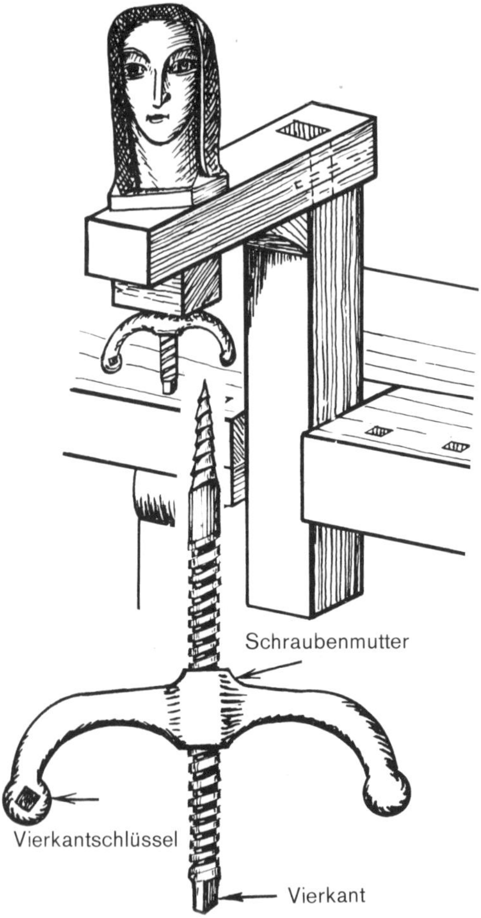

Das Befestigen der Werkstücke für Rundplastiken

Kleinere Werkstücke für Tierplastiken und Figuren werden an der Schnitzbank zwischen Platte und Bankzange eingespannt. Um die Arbeit je nach Bedarf höher oder niedriger zu befestigen, wird ein stabiler Holzwinkel benutzt, auch Galgen genannt. Der lange Balken ist 60 bis 70 cm, der kurze etwa 30 bis 40 cm lang. Auf dem kurzen Balken wird die Arbeit mit einer Figurenschraube befestigt. In das Werkstück bohrt man zunächst mit einem Schneckenbohrer ein Loch. In dieses Loch wird die Figurenschraube möglichst tief hineingedreht. Dann schiebt man den freien Schraubenteil von oben her durch ein Loch im Galgen und dreht von unten die Schraubenmutter fest. Um das Gewinde fest anziehen zu können, wird zwischen Galgen und Schraubenmutter ein durchbohrtes Stück Holz gelegt. Bei manchen Arbeiten läßt sich keine Figurenschraube anbringen, z. B. bei der Katze. In solchen Fällen schraubt man ein etwas größeres Brett mit Holzschrauben unter das Werkstück und befestigt dieses Brett mit Schraubzwingen auf dem Werktisch oder auf dem Holzgalgen. Figurenschrauben gibt es in drei verschiedenen Größen.

Zum Einspannen kleiner und mittlerer Werkstücke eignet sich auch ein drehbarer Schraubstock mit auswechselbaren Holzbacken. Das Werkstück läßt sich darin schnell drehen und dadurch von allen Seiten bequem bearbeiten. Zum Schutze der Schnitzeisen stülpt man einen oben aufgeschnittenen alten Filzhut über den Schraubstock.

Tierplastik

Tiere im Zoo und auf den Bauernhöfen geben uns Anregung und Gelegenheit zu Tierstudien. Der Anfänger schnitzt zunächst ein Tier mit ganz einfachen Formen. Ein Fisch oder ein Vogel ist leichter zu schnitzen als ein Pferd oder ein Tiger. Ob man für eine Tierplastik zunächst ein Gipsmodell, eine Zeichnung oder nur eine Skizze anfertigt, entscheidet die künstlerische Absicht, die handwerkliche Erfahrung und die Aufgabe selbst, die der Bildhauer sich stellt.

Nach Festlegen der Größe zeichnet man eine Hauptansicht auf den Holzblock. Bei kleineren Plastiken sägt man dann den Umriß mit einer Dekupier- oder Schweifsäge aus. Dadurch erhalten wir ein Tier, ähnlich wie wir es als Kinderspielzeug kennen. Wenn wir die Kanten an dem ausgesägten Werkstück rundraspeln und schleifen, entsteht bereits eine einfache Tierplastik. Wir wollen aber etwas mehr leisten und schnitzen das überflüssige Holz mit Flach- und Balleisen fort. Bei größeren Arbeiten benutzen wir zunächst ein großes Hohleisen und den Bildhauerknüppel. Nach dem Anlegen schneiden wir mit recht scharfen Eisen die Einzelformen und die Oberfläche sauber, ähnlich wie beim Ornament. Bei der figürlichen Schnitzerei werden oft gekröpfte Eisen gebraucht, weil sich mehr tiefliegende Formen ergeben als beim Ornament. Die Oberfläche schneidet man mit einem Flacheisen und dem schrägen Balleisen sauber. Ob wir zum Schluß große oder kleine Schnitte auf der Oberfläche lassen, entscheidet die künstlerische Absicht. Früher betonte man dies oft, heute schleift man gerne alles glatt.

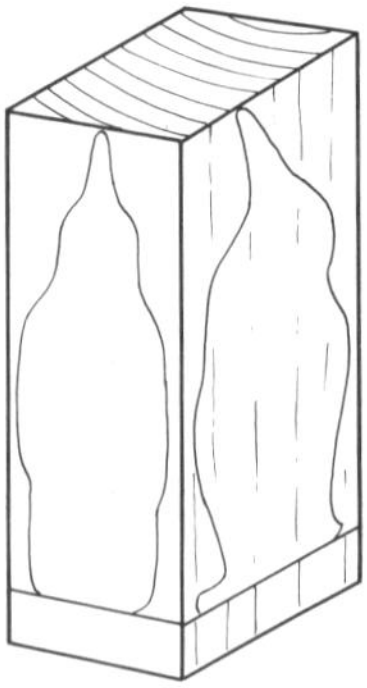

aufgezeichnet

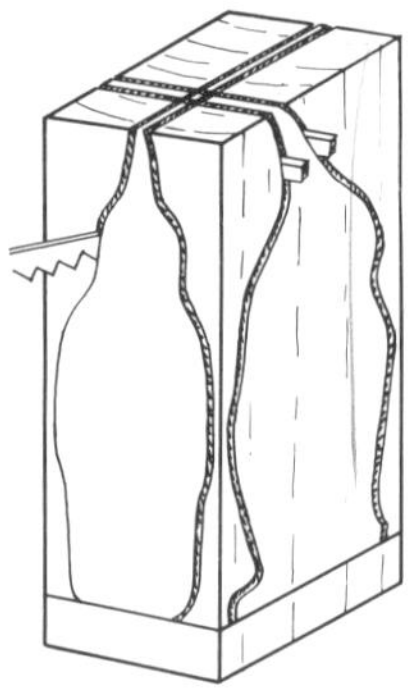

gesägt

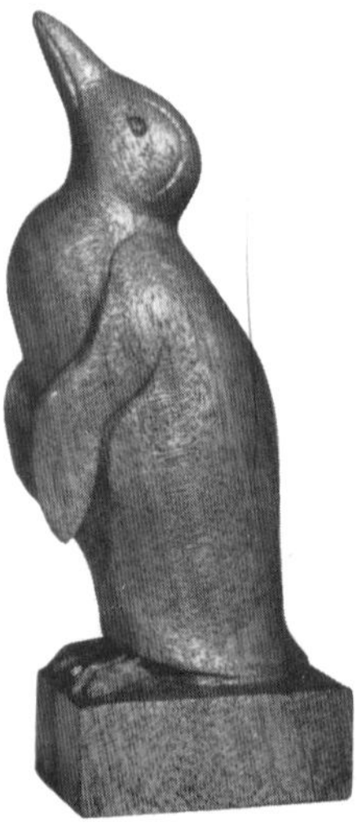

Kleine Plastiken kann man von allen vier Seiten aussägen; man zeichnet die Vorder- und Seitenansicht auf.
Dann sägt man mit der Dekupiersäge die gezeichneten Linien von oben bis zum Sockel. Damit für die beiden letzten Schnitte noch eine feste Unterlage bleibt, läßt man von den ersten Schnitten das Holz am Sockel stehen und klemmt oben ein Stückchen Holz in die Sägeschnitte. Nötigenfalls schlägt man einige Stiftchen ein. Nachdem alle vier Schnitte gemacht sind, schneidet man das Abfallholz am Sockel ab. Diese Arbeitsweise wendet der Tischler bei der Herstellung von geschweiften Möbelfüßen an. Das Schnitzen geht verhältnismäßig schnell, weil die äußeren Punkte bereits festgelegt sind und das Anlegen sich zum Teil erübrigt. So zugerichtete Arbeiten eignen sich manchmal zum weiteren Schnitzen mit einem scharfen Taschenmesser. Die linke Hand hält und dreht das Werkstück und mit der rechten schnitzt man (siehe Stabschnitzen).
Die Bärengruppe ist schon schwieriger zu schnitzen. Wer sich die Abbildung genau ansieht, erfaßt noch den kubischen Holzblock, aus dem die Gruppe gearbeitet ist. Hier nützt sägen wenig. Man zeichnet die Umrisse und großen Formen auf den Holzblock und arbeitet, von den höchsten Stellen ausgehend, Schulter und Vorderfüße, in den Block hinein. Die äußeren Umrisse werden nach und nach mit angelegt. Dabei kontrolliert man mit dem Taster oder Zirkel, ob die Größe und Tiefe der Formen richtig ist. Der erfahrene Bildhauer läßt zunächst etwas Holz stehen, d. h. er schlägt wenig fort. Dann kann man später die Formen noch etwas verschieben, ähnlich wie beim Modellieren oder bei

Treibarbeiten in Metall. Nachdem alle Seiten gut angelegt sind, kommen die Einzelheiten. Bei der Bärengruppe die Zehen, Ohren und Augen und dann das letzte Sauberschneiden. Die Gruppe ist nicht geschliffen, der zottige Pelz nur stellenweise durch wenige Schnitte angedeutet.
Die Übertragung vom Modell auf das Werkstück durch Punktierapparate wird im Abschnitt Punktieren gezeigt.

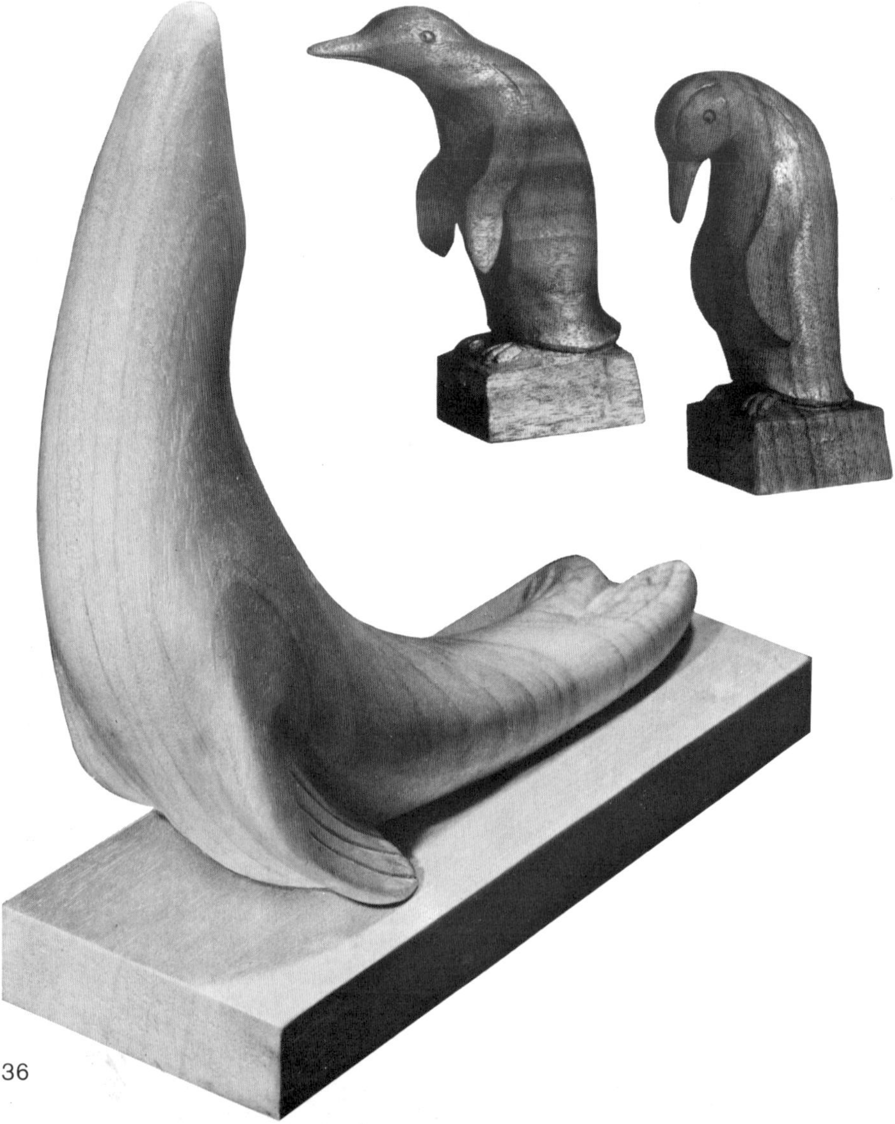

HOPPE

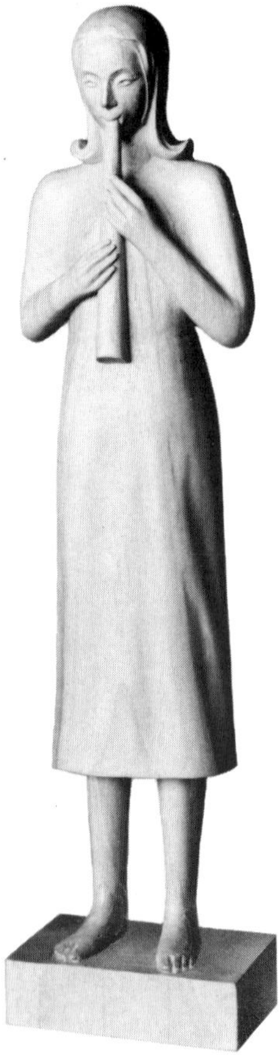

Die geschnitzte Figur

Soll man eine Figur direkt ohne Modell in Holz schnitzen oder soll nach einem Modell in natürlicher Größe gearbeitet werden?

Die Griechen arbeiteten in der sogenannten archäischen Zeit ihre Figuren direkt in den Stein. Diese Skulpturen sind säulenartig, mit angelegten Armen. Der damalige Bildhauer arbeitete aus dem rechteckigen Block von allen vier Seiten schichtenweise das überflüssige Material fort. Bei dem späteren Bemühen auch stark bewegte Figuren darzustellen, modellierten auch die Griechen in Ton und Wachs und machten Abgüsse in Stuck und Gips.

Ob man ohne oder nach einem Modell schnitzen kann, hängt von den Fähigkeiten und Erfahrungen des Schnitzers ab und ganz besonders von der Aufgabe selbst. Eine einfache kleine Figur können viele Bildhauer ohne Modell schnitzen. Für bewegte größere Figuren modellieren auch erfahrene Holzschnitzer ein Modell.

Was im Abschnitt Tierplastik gesagt wurde, gilt auch für das Schnitzen von Figuren. Bei kleinen und mittleren Arbeiten sägt man die Umrisse der Hauptansicht aus. Es werden beim Anlegen nur die großen Flächen und Linien, keine Einzelheiten, beachtet. Die Figur möglichst aufrecht einspannen, weil dann die gesamte Wirkung besser zu übersehen ist. Erst wenn die Gesamtanlage stimmt, kommen die Einzelheiten und das Sauberschneiden.

Eine gleichseitige Figur ist leichter zu schnitzen als eine bewegte. Man geht von den äußersten Punkten der Vorderseite aus. Bei der „Rufenden" sind es die Ellenbogen. Nach dem Messen mit dem Zirkel oder Taster, schnitzt man tiefer und sucht weitere Hauptpunkte. Die Hände, das Gesicht, Bauch und Füße sind nur anzudeuten. Der Umriß von vorn ist besonders wichtig. Erst wenn die großen Formen der Vorderansicht und die Umrißlinien stimmen, kommen die Seitenansichten. Wir kontrollieren, ob alle wichtigen Punkte weit genug zurückgesetzt sind, z. B. Schultern, Hände und Stirn.

Wenn die Seitenansichten stimmen, darf die Rückseite bearbeitet werden. Bei dieser ersten Überarbeitung braucht das sogenannte Anlegen nicht beendet zu sein. Viel wichtiger ist, daß wir die

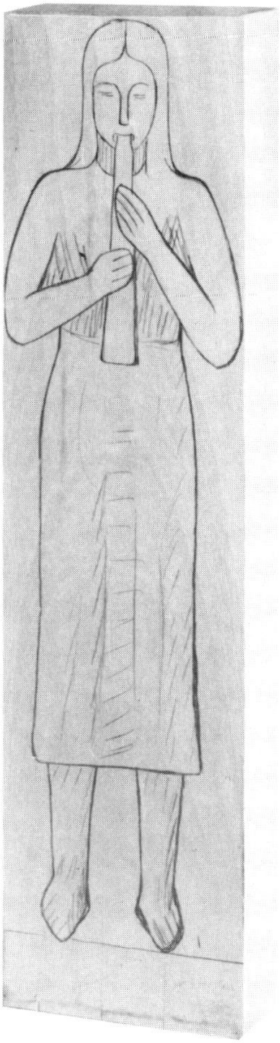

Gesamtheit der Arbeit im Auge haben. Die Überarbeitung von vorn, über die Seiten, kann mehrmals wiederholt werden. Nach und nach schälen wir die erstrebte Figur heraus und ganz zum Schluß kommen die letzten Einzelheiten. Diese Arbeitsweise ist künstlerisch am erstrebenswertesten. So arbeiteten auch Michelangelo und Riemenschneider. Für Tierplastik und Porträt gilt dasselbe.
Große Plastiken müssen innen ausgehöhlt werden, sonst entstehen außen Risse durch das ungleichmäßige Trocknen.

Eine gute Vorübung für das Porträtschnitzen ist die Gestaltung von Kasperleköpfen. Man freut sich außerdem an den selbst geschaffenen, lustigen Schauspielern. Einige Skizzen über die Größe und den Gesichtsausdruck genügen als Vorstudien. Das Holz soll leicht sein, Linde oder Abachi. Man zeichnet die Profilansicht auf das Werkstück und legt auf der Vorderseite die Stelle der Nasenspitze fest. Von hier aus leimt man einen dünnen Dübel aus Buchenholz ein. Dadurch vermeidet man das leichte Abbrechen der langen Nasen von Hexe und Kasper.

Die gestrichelten Linien zeigen den Dübel und die folgenden Sägeschnitte. Jetzt beginnt unsere Schnitzarbeit. Alle Formen werden mit großen Schnitten zurückgesetzt, nur die Nase reichlich vorstehen lassen. Dann Stirn, Augenhöhlen, Mund und Kinn andeuten. Danach kommen die Seiten, oft mit großen Ohren und zum Schluß der Hinterkopf. Bevor wir weiterschnitzen, machen wir den Kopf hohl, damit er zum Spielen recht leicht ist. Wir teilen den Kopf hinter den Ohren in zwei Teile. Das geht bei den meisten Hölzern durch Spalten, indem wir ein breites Balleisen oder ein Beil aufsetzen und mit dem Holzhammer darauf schlagen. Wir können den Kopf aber auch durchsägen oder ihn beim Zurichten aus 2 Teilen verleimen und einen Bogen Papier zwischen die beiden Teile leimen. Dann spalten wir nach dem Anlegen die Leimfugen auf. Die Papierzwischenlage läßt sich leicht trennen. Jetzt schnitzen wir beide Teile hohl und verleimen sie wieder. Dann folgt das Fertigschnitzen. In den Hals bohren wir ein Loch für den Finger des Spielers. Die Formen können wir noch durch Farbanstrich unterstützen.

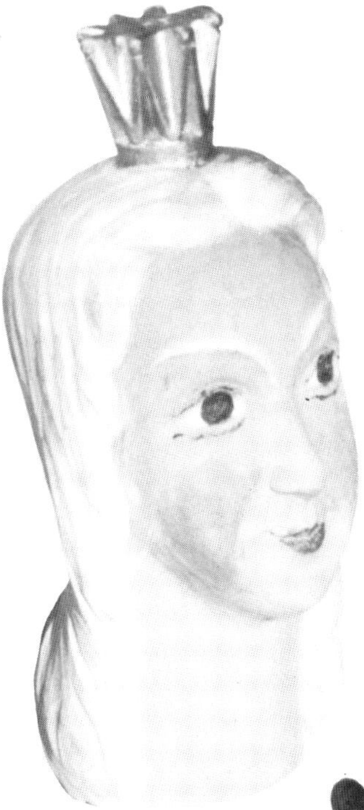

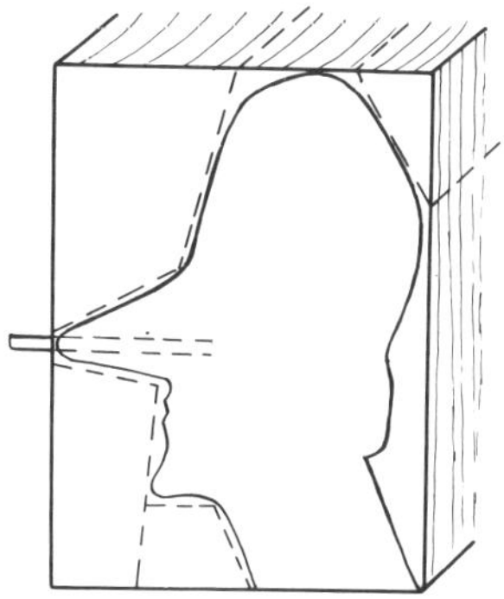

Zurichten

Anlegen

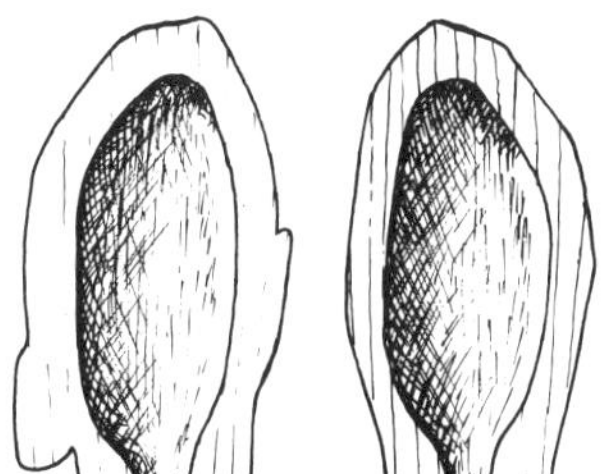

Trennen und Hohlmachen

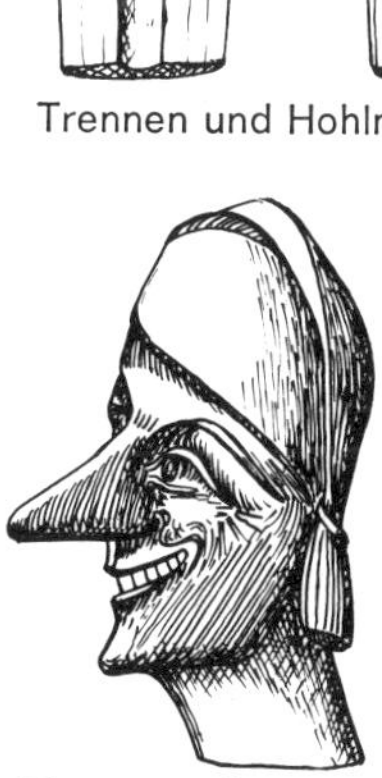

Zusammenleimen und fertigschnitzen

Das Schnitzen einer Porträtbüste

Um ein Porträt zu schnitzen, brauchen wir ein Modell in natürlicher Größe. Das kann ein Gips- oder Plastilinmodell sein. Beim letzteren sparen wir das Gipsgießen. Geschnitzt wird wie bei anderen figürlichen Arbeiten. Man geht von den am meisten vorstehenden Punkten aus: Nasenspitze, Stirn, Mund und Kinn. Mit großen Schnitten setzt man Augen, Backen und Schläfen zurück. Der Unerfahrene arbeitet ein Gesicht fast immer zu flach. Also auch die Seitenansichten beobachten und nachmessen. Erst wenn alle Hauptformen, Gesamtlänge und Breite, sowie die Profilansicht, richtig sitzen, kommen die Einzelformen, wie Mund, Nase, Augen usw. Markante Köpfe älterer Menschen sind leichter zu schnitzen als Kinderköpfe; ein Porträt-Relief ist leichter als eine Rundplastik. Vereinzelt schnitzen Bildhauer Porträtköpfe direkt nach der Natur. Dazu gehört außer besonderer Begabung, auch eine große Erfahrung. Die meisten Porträtbüsten werden von einem Gipsmodell mit Hilfe von Zirkel oder Punktierapparat übertragen.

Das Punktieren

Punktieren ist das Übertragen vom Gipsmodell auf Holz oder Stein. Es gibt viele Punktierverfahren. Schon die griechischen Bildhauer hatten vor rund 2000 Jahren Punktiersysteme. Heute wird vorwiegend mit der Punktiermaschine übertragen. Treffender würde man Punktierapparat sagen. Der Apparat hat das Punktieren mit 3 Zirkeln abgelöst, weil man schneller und genauer damit arbeitet.

Gegner des Punktierens begründen ihre Ablehnung damit, daß das Punktieren eine rein mechanische, nicht künstlerische Arbeit sei. Das ist an sich richtig. Dafür fand ja der künstlerische Schöpfungsakt in der Schaffung des Modells statt. Jede Modellübertragung ist mindestens zum größten Teil mechanische Arbeit. Mit dem großen Michelangelo können wir uns nicht im geringsten vergleichen, und sehr tüchtige Bildhauer unserer Zeit arbeiten auch mit Punktiergeräten.

Die Punktiermaschine besteht aus dem Messingkreuz und dem Punktierapparat. Die Maschine läßt sich so verstellen, daß man kleine und bis überlebensgroße Figuren damit übertragen kann. Die 2 Dorne unten am Kreuz und der Einsatzdorn oben lassen sich ebenfalls verstellen.

Modell

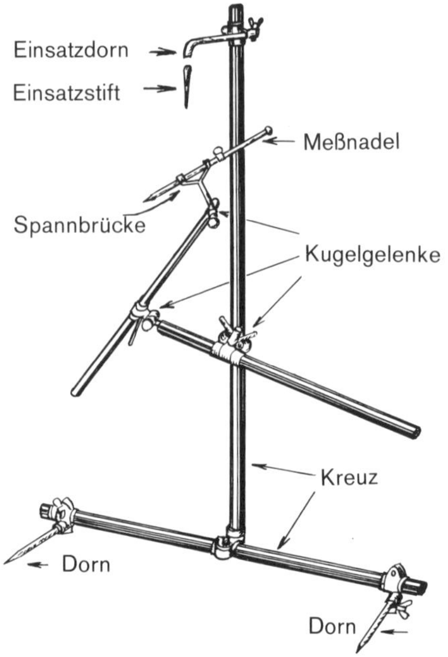

Das eigentliche Punktieren ist schnell erlernbar. Wichtig ist, daß das sogenannte Einrichten sorgfältig gemacht wird. Die Abbildung zeigt oben den eingegipsten Punktierstift 3 und unten zwei Holzschrauben mit senkrecht gedrehtem Schlitz. Das sind die 3 Einsatzpunkte am Gipsmodell. Die Punktiermaschine wird mit dem Einsatzdorn auf den Punktierstift 3 aufgehängt. Die beiden unteren Dorne werden in die Schraubschlitze passend eingestellt. Damit ist das Gipsmodell eingerichtet. An dem Werkstück werden unten 2 Schrauben genau in denselben Abständen eingedreht. Danach stellen wir am Gipsmodell die Punktiernadel auf den am weitesten vorspringenden Punkt.

Nach dem Feststellen der Nadel und der Kugelgelenke bringen wir den Punktierapparat an den Holzblock, und zwar die unteren Dorne in die Schraubenschlitze und schieben oben den Einsatzdorn soweit nach hinten, bis die Nadelspitze an das Werkstück kommt. Damit haben wir den oberen Punkt für den Einsatzdorn. Wenn diese 3 Punkte am Holzblock genau mit den Punkten am Modell übereinstimmen, können wir mit dem Punktieren beginnen. Es werden zuerst die weit vorstehenden Punkte übertragen (Stirn, Nase, Kinn) und dann die tiefliegenden. Bei jedem übertragenen Punkt kommt auf das Modell ein kleines Kreuz und auf dem Werkstück bohrt man mit einem Hohleisen oder Bohrer so tief, bis die Nadel auf die richtige Tiefe geschoben werden kann. Hier ist ebenfalls mit dem Bleistift ein kleines Kreuz oder ein Punkt anzubringen. Zweckmäßig soll am Werkstück, je nach Größe der Arbeit, etwa 1 mm Holz stehen bleiben. Man setzt also die Punkte etwas höher. Das ist das Holz, das später beim Sauberschneiden weggeschnitten wird. Der Anfänger muß zunächst vorsichtig sein, daß er die Punkte nicht zu tief setzt. Mehrere Punkte werden zusammengezogen. Alle Punkte bleiben als kleine Mulden bis zum Sauberschneiden stehen.

Figuren und Tierplastiken werden in derselben Weise auspunktiert. Bei schmalen Sockeln oder Plastilinmodellen ist zur Aufnahme der Schrauben ein Brett vor dem Sockel anzubringen. Die Figuren können auch auf der Rückseite ein Vierkantholz zur Aufnahme des Punktierstiftes haben. Ältere Punktierapparate besitzen statt dem Metall- ein Holzkreuz. Je nach der Größe der Arbeit braucht man verschiedene Kreuze. Manche Bildhauer nehmen auch statt Schrauben kleine Kupferblechscheiben mit einer Vertiefung für die Aufnahme der Dorne.

Den Punktierapparat auf Seite 45 kann man selbst bauen. Das Dreieck kann aus Holz oder Metall sein. Metall ist besser, weil es weniger von dem Werkstück und Modell verdeckt. Die drei angespitzten Beine ersetzen die Einsatzdorne. Eine entsprechend lange Leiste erhält einen Schlitz zur Aufnahme von einem spitz gearbeiteten Teil eines Zollstockes. Der Schlitz muß so sein, daß der angespitzte Stab haften bleibt, sich also etwas klemmt. Diese Leiste kommt über das Dreieck. Dann wird die Stabspitze auf den jeweils gesuchten Punkt gesetzt. An dem Maßstabstück ist abzulesen, wie tief der Punkt am Werkstück zu setzen ist.

Damit die Leiste nicht verrutscht, wird sie mit einer Wäscheklammer oder Leimzwinge festgeklemmt. Der Apparat eignet sich für liegende Figuren, Tierplastiken und Reliefs. Er arbeitet natürlich nicht so genau wie eine Punktiermaschine. Wenn aber Entwurf und Ausführung in einer Hand liegen, ist er sehr brauchbar. Er eignet sich außerdem für Vergrößerungen. Man muß dann zwei Apparate bauen, einen kleinen für das Modell und einen größeren in genau der gewünschten Vergrößerung für das Werkstück.

Bei manchen Arbeiten ist statt des Dreiecks ein rechteckiger Rahmen günstiger.

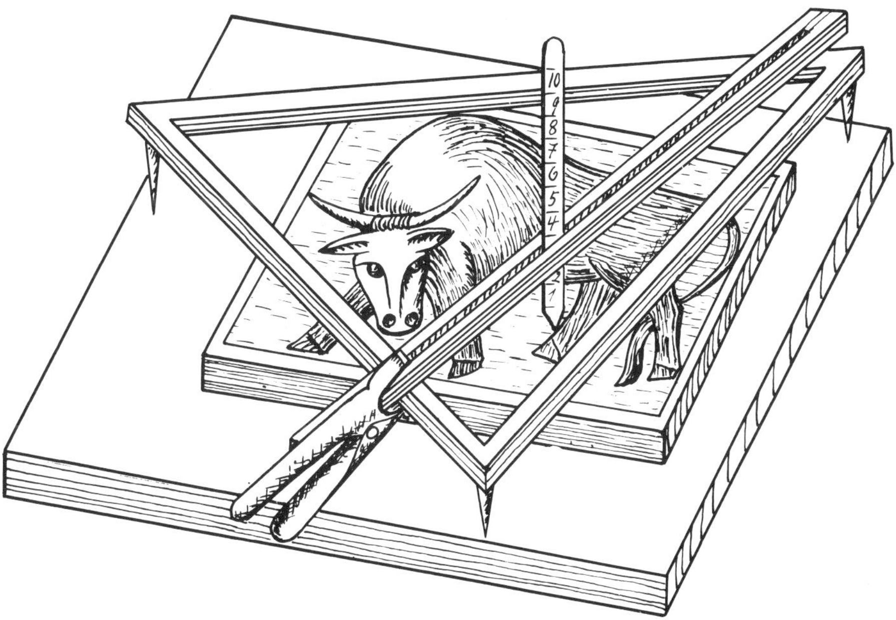

Ausbessern schadhafter Stellen

Druckstellen, die durch Einspannen entstanden sind, werden angefeuchtet. Wenn die Vertiefung dadurch nicht verschwindet, macht man einige Nadelstiche und feuchtet noch einmal an. Die zusammengepreßten Holzteile quellen dann auf. In Risse und Löcher leimen wir entsprechend zugerichtete Holzteilchen. Das muß sehr sorgfältig gemacht werden. Nur von demselben Werkstück das Holz nehmen und die Faserrichtung genau beachten. Bewährt hat sich das sogenannte flüssige Holz. Man kann es in verschiedenen Farbtönen kaufen, die sich miteinander mischen lassen. Zur Verdünnung und Aufweichung eignet sich Zelluloseverdünnung. Ganz kleine Risse lassen sich auch mit gefärbtem Wachs auskitten.

Oberflächenbehandlung

Mattieren

Die Zellulosemattierungen ergeben eine wasserabweisende, kratzfeste Oberfläche. Bei gebeizten und grobporigen Hölzern streicht man mit Zellulosegrund vor. Nach dem Trocknen (2 bis 3 Stunden) folgt der Anstrich mit der Mattierung durch den Vertreiberpinsel. Für glatte Flächen eignet sich ein Ballen aus Watte und Nessel besser als ein Pinsel. Zellulosemattierung ergibt einen matten Seidenglanz. Zu dick aufgetragen, entsteht eine speckig glänzende Schicht. Also Vorsicht — und nach dem Trocknen mit einem Tuch nachreiben. Geschliffene und gebeizte Flächen werden durch das Mattieren etwas rauh. Man muß dann mit sehr feinem Sandpapier nachschleifen und mit verdünnter Mattierung nochmal streichen. Geschnitzte Flächen rauhen durch das Mattieren nicht auf. Zur Verdünnung und zur Pinselreinigung gibt es Zelluloseverdünnung. Farbe und Maserung des Holzes wird durch Zellulosemattierung nicht verändert.

Wachsen

Wachsen ist ein altes und einfaches Mittel, die Schnitzerei mit einem schönen, matten Glanz zu überziehen. Bienenwachs wird in Terpentin aufgelöst. Auf 1/4 Liter Terpentin etwa 25 g Wachs, eine Nacht stehen lassen; dann umrühren und mit einem Pinsel dünn auftragen. Nach dem Trocknen mit einer weichen Bürste nachbürsten. Bei grobporigen Hölzern ist eine Wiederholung notwendig. Wer kein Bienenwachs beschaffen kann, nehme weißes Bohnerwachs oder farblose Schuhcreme. Wachs schließt die Poren und schützt gegen Schmutz und Staub. Leider ist ein solcher Wachsüberzug wasserempfindlich.

Ölen

Sollen die Maserungen einer Schnitzerei noch besonders hervorgehoben werden, tränkt man das Holz mit Leinöl. Der Kontrast zwischen hellen und dunklen Streifen wird dadurch bedeutend größer, besonders bei Nußbaum, Kirsche und Eiche. Nachdem das Leinöl gut getrocknet ist, kann die Arbeit noch mit Wachs oder einem matten Öllack überzogen werden.

Beizen

Alle Spiritusbeizen sind nicht lichtecht und daher abzulehnen. Wasserbeizen rührt man sich am besten selbst an. Beizen desselben Fabrikats können untereinander gemischt werden. Das Holz wird zunächst gewässert. Nach dem Trocknen die aufgerauhten Flächen vorsichtig schleifen und den Schleifstaub gut ausbürsten, nochmal wässern und auf das nasse Holz die Beizlösung auftragen. Hirnholz muß besonders stark gewässert werden, sonst saugt es zuviel Beize auf und wird bedeutend dunkler als das übrige Holz. Neben den Wasserbeizen gibt es noch chemisch wirkende Beizen. Mit einer Vorbeize führt man dem Holz Gerbstoff zu. Dann erfolgt als Nachbeize eine Metallsalzlösung. Vor- und Nachbeizen entwickeln den Farbton. Chemische Beizen haben eine größere Tiefenwirkung, sind licht- und waschecht.

Ölfarbenanstrich

Ölfarbenanstrich deckt schlechte und dunkle Stellen im Holz; aber die schöne Maserung und die natürliche Farbe des Holzes wird mit verdeckt. Schnitzarbeiten, die man nur aus einiger Entfernung betrachtet, kann man mit Ölfarbe streichen. Das ist bei den meisten Heiligenfiguren in den Kirchen der Fall. Diese Plastiken stehen im Halbdunkel des Kirchenraumes und würden ohne Farbe kaum wirken.

Auch für Schnitzereien im Freien ist ein Farbanstrich zweckmäßig. Bei Wegzeigern wird die geschnitzte Schrift durch die Farbe weithin sichtbar und gegen Witterungseinflüsse haltbarer. Ölanstrich, der dem Wetter ausgesetzt ist, überzieht man mit einem farblosen Außenlack. Wenn Ölfarbe mit Firnis und Terpentin stark verdünnt wird, scheint die Maserung des Holzes noch durch den Anstrich.

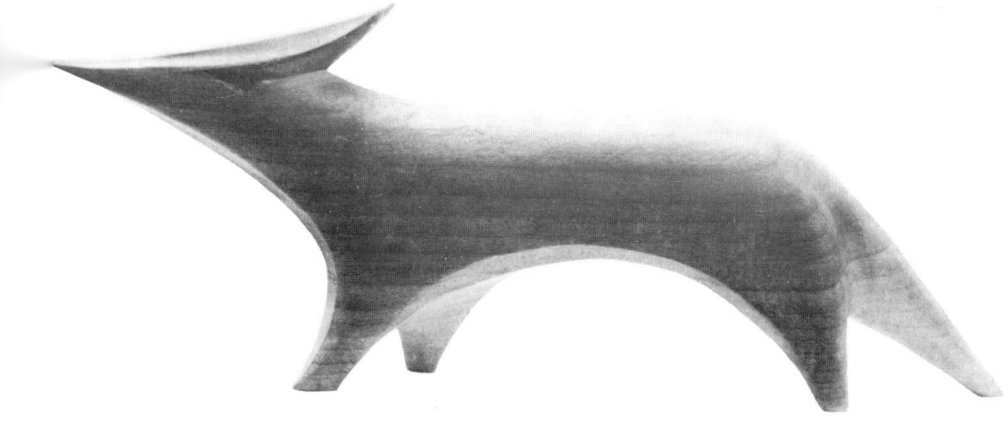

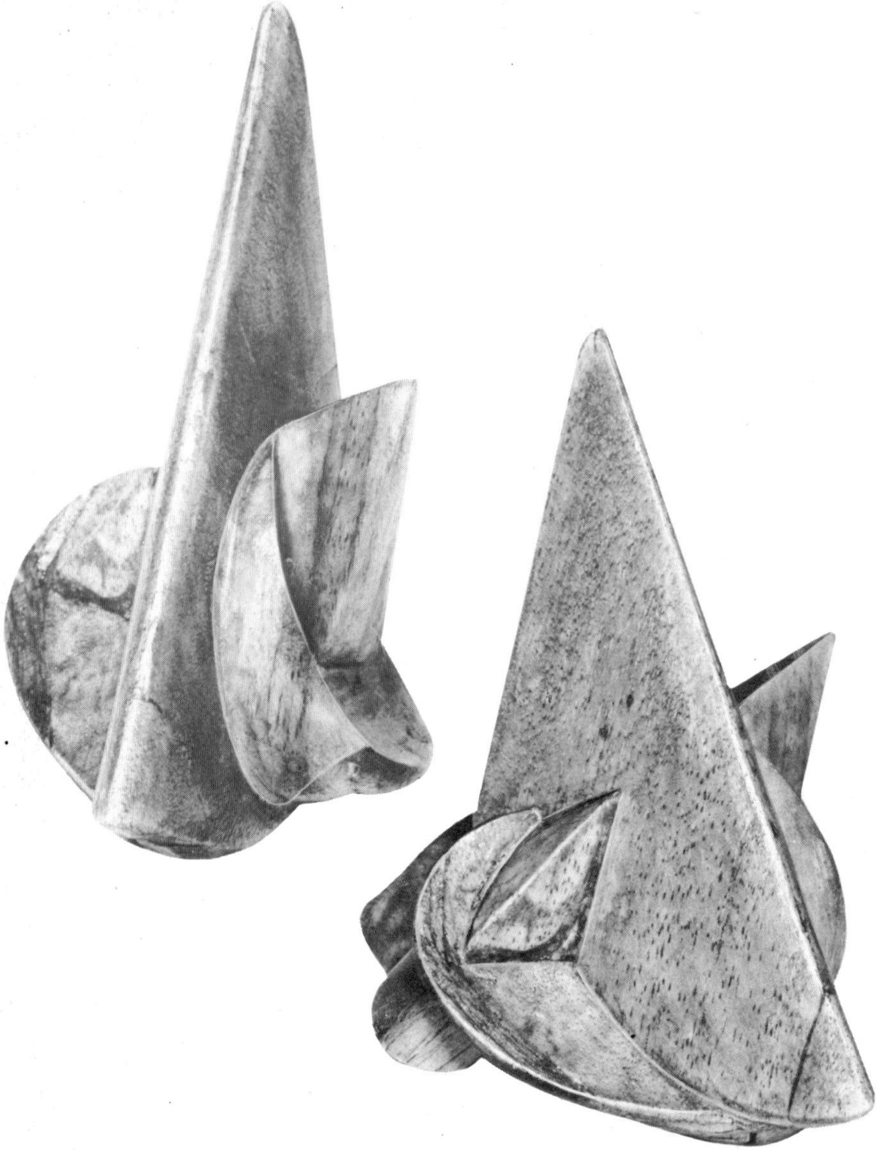

ISBN 3-7724-0236-4

Verlag und Druckerei M. Frech 7000 Stuttgart 1 (Botnang)
Druck: Frech Stuttgart-Botnang